U0085799

世紀人物100

百工科技的集成者

宋應星

王宇清　著

三民書局

獻給孩子們的禮物

主編的話

世界上最幸福的孩子，是他們一出生就有機會接近故事書，想想看，那些書中的人物，不論古今中外都來到了眼前，與他們相識，不僅分享了各個人物生活中的點滴，孩子們的想像力也隨著書中的故事情節飛翔。

不論世界如何演變，科技如何發達，孩子一世幸福的起源，仍然來自於父母的影響，如果每一個孩子都能從小在父母親的懷抱中，傾聽故事，共享閱讀之樂，長大後養成了閱讀習慣，這將是一生中享用不盡的財富。

三民書局的劉振強董事長，想必也是一位深信讀書是人生最大財富的人，在讀書人口往下滑落的多元化時代，他仍然堅信讀書的重要，近年來，更不計成本，連續出版了特別為孩子們策劃的兒童文學叢書，從「文學家」、「藝術家」、「音樂家」、「影響世界的人」系列到「童話小天地」、「第一次」系列，至今已出版了近百本，這僅是由筆者主編出版的部分叢書而已，若包括其他兒童詩集及套書，三民書局已出版不下千百種的兒童讀物。

劉董事長也時常感念著，在他困苦貧窮的青少年時期，是書使他堅強向上，在社會普遍困苦，而生活簡陋的年代，也是書成了他最好的良伴，他希望在他的有生之年，分享這份資產，讓下一代可以

充分使用，讓親子共讀的親情，源遠流長。

「世紀人物100」系列早就在他的關切中構思著，希望能出版孩子們喜歡而且一生難忘的好書。近年來筆者放下一切寫作，接下這份主編重任，並結合海內外有心兒童文學的作者共同為下一代效力，正是感動於劉董事長致力文化大業的真誠之心，更欣喜許多志同道合的朋友，能與我一起為孩子們寫書。

「世紀人物100」系列規劃出版一百位人物故事，中外各占五十人，包括了在歷史上有關文學、藝術、人文、政治與科學等各行各業有貢獻的人物故事，邀請國內外兒童文學領域專業的學者、作家同心協力編寫，費時多年，分梯次出版。在越來越多元化的世界中，每個人都有各自的才華與潛力，每個朝代也都有其可歌可泣的故事，但是在故事背後所具有的一個共同點，就是每個傳主在困苦中不屈不撓，令人難忘的經歷，這些經歷經由各作者用心博覽有關資料，再三推敲求證，再以文學之筆，寫出了有趣而感人的故事。

西諺有云：「世界因有各式各樣不同的人群，才更加多采多姿。」這套書就是以「人」的故事為主旨，不刻意美化傳主，以每一位傳主的生活經歷為主軸，深入描寫他們成長的環境、家庭教育與童年生活，深入探索是什麼因素造成了他們與眾不同？是什麼力量驅動了他們鍥而不捨的毅力？以日常生活中的小故事，來描繪出這些人物，為什麼能使夢想成真。為了引起小讀者的興趣，特別著重在各

傳主的童年生活描述，希望能引起共鳴。尤其在閱讀這些作品時，能於心領神會中得到靈感。

和一般從外文翻譯出來的偉人傳記所不同的是，此套書的特色是，由熟悉兒童文學又關心教育的作者用心收集資料，用有趣的故事，融入知識，並以文學之筆，深入淺出寫出適合小朋友與大朋友閱讀的人物傳記。在探討每位人物的內在心理因素之餘，也希望讀者從閱讀中，能激勵出個人內在的潛力和夢想。我相信每個孩子在年少時都會發呆做夢，在他們發呆和做夢的同時，書是他們最私密的好友，在閱讀中，沒有批判和譏諷，卻可隨書中的主人翁，海闊天空一起遨遊，或狂想或計畫，而成為心靈知交，不僅留下年少時，從閱讀中得到的神交良伴（一個回憶），如果能兩代共讀，讀後一起討論，綿綿相傳，留下共同回憶，何嘗不是一幅幸福的親子圖？

2006 年，我們升格成為祖字輩，有一位朋友提了滿滿兩袋的童書相送，一袋給新科父母，一袋給我們。老友是美國國家科學院院士，曾擔任過全美閱讀評估諮議委員，也是一位慈愛的好爺爺，深信閱讀對人生的重要。他很感性的說：「不要以為娃娃聽不懂故事，我的孫兒們一出生就聽我們唸故事書，長大後不僅愛讀書而且想像力豐富，尤其是文字表達能力特別強。」我完全同意，並欣然接受那兩袋最珍貴的禮物。

因為我們同樣都是愛讀書、也深得讀書之樂的人。

謹以此套「世紀人物 100」叢書送給所有愛讀書的孩子和家庭，以及我們的孫兒——石開文，他們都是世界上最幸福的孩子，因為從小有書為伴，與愛同行。

為什麼會想要寫宋應星的故事呢？其實對我來說，或許是因為自己的理工科背景，在見到許多歷史上各行各業的傑出人士，都有人將他們的傳記改寫成適合兒童閱讀的故事，但是宋應星的故事卻是少之又少，因此我便希望能夠為兒童讀者介紹這位傑出的學者。近代我們有不少在科學方面有傑出貢獻的學者，例如曾經獲得諾貝爾化學獎的臺灣學者李遠哲先生，都證明我們在科學方面的能力也是相當優秀的。不過，在搜尋宋應星的資料時，我發現在中國的歷史上，科學相對上是非常受到忽略的。中國歷來根深柢固的「萬般皆下品，唯有讀書高」的觀念，以及以四書五經為主的儒學系統，使得「科學」變成是待人處事、經世致用學問之外的附屬。用來選出官員的科舉考試中，沒有科學相關的科目。

除了天文、曆法以及醫學等設有官方的單位外，其他的各種生產技術，都是依靠著學者本身過人的研究興趣和熱情，才能留下些許成果。宋應星就是一個很具有代表性的例子。

生在明末，從小聰穎過人，又非常用功的宋應星，並沒有一帆風順，揚名天下；相反的，他科舉考試考了五次，從年輕到中年，卻仍是榜上無名。

我們可以看見他像是千千萬萬中國兒童的縮影：在幼時便被灌輸了「努力讀書，將來有機會可以出人頭地，做大官、做大事」的觀念，似乎除了讀書最值得我們投注精力外，其他都不那麼重要了。因此他和許多人一樣，即使八股文考試多麼的死板、僵化，仍舊將青春無止盡的投入，只希望能獲得榜上有名、從此飛黃騰達的光榮。

我們在他的人生過程中，不只可以看到只重視讀書考試所帶來的代價，同時也給我們很好的啟示：對興趣的堅持和實踐的毅力。宋應星雖然在八股文的科舉系統中消耗了他大半生的黃金歲月，但，支持他走過這些不如意的，卻是他對民生科技與工業的興趣。年輕時便喜好四處遊歷的他，對於各種大家習以為常的農耕、紡織等技術，卻看見了其中閃爍著傳統智慧的光芒。他不只是看，更勤奮的、不厭其煩的將他所看到的、了解與不了解的全都加以記錄；這些累積下來的點點滴滴，成為他在日後寫作《天工開物》的重要基礎。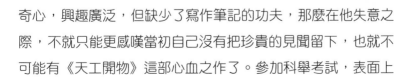如果他只是充滿好奇心，興趣廣泛，但缺少了寫作筆記的功夫，那麼在他失意之際，不就只能更感嘆當初自己沒有把珍貴的見聞留下，也就不可能有《天工開物》這部心血之作了。參加科舉考試，表面上

看起來是一個讀書人的使命，但事實上卻不盡然如此。能在不疑處有疑，勤奮書寫思考、求證的宋應星，其實在他的生活和興趣中，實踐了一個知識分子的本分，展現了讀書人的風骨。

在生命的旅途中，我們常常會遇到挫折。就像宋應星一樣，我們或許在求學上難免不順利，但那卻不應該使我們對人生充滿悲觀。除了持續的努力外，我們更應該要思考自己的興趣方向。看了宋應星的故事，讓我們學習到重新審視自己的人生價值。例如有些人對烹飪很有興趣；有些人喜歡自己 DIY 做手工藝；有些人喜歡旅行。這些都很好。而我們常常會用「比較法」去判斷這些事情該不該做。我們可能會覺得讀書「比較重要」，所以這些興趣都是「無關緊要」，但宋應星給我們的啟發，不就是告訴我們，這些也很重要嗎？這些才藝、興趣，不應該成為你求學考試的絆腳石；相對的，這些反而會是你人生的助力，重點在於你是不是也很慎重的正視它、經營它、讓它變成你「樂以忘憂」的壓力解藥。這些興趣、才藝，假以時日，說不定，會是生命中的另一扇窗戶（當然你可以擁有很多窗戶），讓你的人生更加有意義，更加快樂。

事實上，歷史上許多成功的人，他們都有自己長期經營的興趣，使它成為另一種專業。它或許不能拿來當作謀生的工具，也不一定能

夠讓你出名，但它絕對可以對你人生產生好的影響。這個多元
學習的社會，已經開始逐漸擺脫「萬般皆下品，唯有讀書高」
的價值觀了。每種技術、專業都可以是我們發光發熱的場域；
或許我們還是要面對一連串的升學考試過程，但請記得宋應星
給我們的啟示，好好經營自己的興趣或專長，相信我們都能夠
在人生中找到某一種快樂和圓滿。

寫書的人

王宇清

本來念的是統計學，但因為對數字一直很頭疼，比
較喜歡讀故事書，所以跑去學習兒童文學。不過當然遇到
不小的障礙，畢竟太久沒有寫作文啦！不過他很努力嘗試
著想要寫好，也很努力的廣泛閱讀，希望有天能夠成為可
以把故事說得流暢又好聽的人。他平常還喜歡玩電腦音樂
創作和樂器，也喜歡看電視影集，偶爾也打打電動，你可以
說他有點幼稚，但最好還是說他童心未泯，這樣會讓他高興
很久。

百工科技的集成者

宋應星

宋應星

1587～1666

前言

你聽過《天工開物》這本書嗎？這是中國最早的專業科學百科哦！

其實中國人在科學的歷史上，也曾扮演著很重要的角色。中國的歷史上，出現過好幾位非常傑出的科學家，像是在南北朝便已精確的算出圓周率的祖沖之；宋代寫出《夢溪筆談》的沈括；明朝初期研究草藥與醫術，寫出《本草綱目》的李時珍，他們的成就受到世界的肯定，也成為中國人的光榮。

而今天要介紹的同樣是「中國之光」，寫出聞名世界的《天工開物》的傑出科學家——宋應星。

宋應星的《天工開物》究竟是什麼樣的書呢？這本書又有什

麼重要性呢？又是在什麼樣的狀況下完成的呢？而寫這本書的宋應星，又到底是什麼樣的一個人呢？

別急，讓我們一步步來了解。

《天工開物》是一本集合了農工科技的書籍，全書共有十八卷，內容包括了農業機械、紡織工業、金屬冶煉、水利工程、作物栽培與病蟲害防治、食品化學、兵器、造船工業，以及手工藝和輕工業，是中國歷史上第一部從專門技術角度，整理研究農業和手工業等方面的專書，可以稱得上是一本「技術百科全書」呢！這可是宋應星花費了大半生的時間遊歷各地，並辛苦的將所見所聞記錄下來，再加以整理、編寫而成的結晶。閱讀《天工開物》，你就可以知道宋應星是個認真而努力的學者。

　　《天工開物》迄今仍是一部備受肯定的作品，宋應星在歷史上也留下了不朽的名聲，因此我們常常把他定位成一位科學家。其實宋應星是一位博學多聞的學者，他的著作內容包含的範圍廣泛，並且都有很高的成就。

　　而且更少人知道《天工開物》寫成的背後有著長長的失意故事……

1 中國的科學困境

從小我們就知道「科學」的重要，但是我們對中國古代的科學成就和科學家，卻知道得非常少。

其實明朝在中國的科學發展上，是一個非常重要的時期。大約四百年前，有一批以利瑪竇為首的西歐傳教士漸次來到中國，並且把許多西方的科技文明大量的輸入中國。

當時，中國的大學者徐光啟以利瑪竇為師，學習西方的科技技術後，結合了傳統的中國科技知識，編寫成一部多達七十餘萬字的《農政全書》，堪稱是中國有史以來最完整的農業專書，把中國歷代的農業技術和當代西方流傳過來的知識做彙整。另外，他還編譯了一本西洋水利工程知

識的《泰西水法》，以及影響西方的重要數學著作——歐幾理得的《幾何原本》。像這樣中西文化的交流，是自發性的產生的，而且是互惠互利、帶來進步的。

不過很可惜的，因為明朝以八股文*取士，並以宋朝學者的解說為單一標準答案，最後，只有少數有特殊興趣與理想的學者才會致力於科學知識的追求，他們既不受到朝廷的支持，也沒有很多學者能夠相互切磋琢磨。

其實在經過了漢朝的獨尊儒

放大鏡

＊八股文　是明代考試的作答形式，依照一定的體裁，分為八大部分：破題、承題、起講、提比、虛比、中比、後比、大結。每個部分有各自固定的寫法，連字數也有規定，不得有任何的疏忽和改變，是一種非常嚴謹呆板的作答形式。考試的命題範圍，也規定以「四書」為唯一的出題範圍，而且以朱熹所註釋的版本為唯一標準的考試版本。因此考生只要針對這個範圍去準備，不斷反覆練習八股文格式，背誦既有的文章，考試答題只要機械式的回答就可以了，長久下來，這些知識分子，養成了不求甚解，甚至投機取巧的習性，缺乏創新與思考的能力。這樣的科舉制度培養出大量只想求官的人，積習日深，以致明朝政治逐漸敗壞。

術，唐朝科舉制度的成熟，科舉考試的內容逐漸確立以「四書五經」等儒學為主，也就是經世致用，造福天下的政治哲學，因此「萬般皆下品，唯有讀書高」的觀念逐漸形成。一般人都以能夠考上科舉，躋身官場為最高的人生目標，「讀書」，當然指的是讀儒家經典，其他對科舉考試「無用」的學問、技術，自然就不受重視。

但是，從實際的情形來看，相對於統治階層的醫生、農夫、藝術家、工匠等，都是對中國的科學、人民的生活做出直接貢獻的人，卻被劃分至屬於較低下的社會階層中。矛盾的是，醫藥、農耕、占星、測量、建築、水利工程、運輸等技藝，在在都是統治者所需要的。然而，在「政治學問」被當成第一流學問的社會潮流中，其他的「技術學問」頂

多只被當成治理天下附屬的「工具」。因此這些「與科舉不相關」的技術學問，就僅能靠「個人」傳承，在民間流傳，鮮少出現在官方的紀錄之中，更不可能有官修的相關書籍出現了。

此外，綜觀中國的科技史，除了歷代都有設立掌管曆算的太史之外，只有唐朝在科舉取士中設立了算學科與醫學科、宋朝設立了醫學。這些受到官方的認可的技能，才得以公開、正式的傳授，其餘百工科技的傳承，大部分是父子相傳，少部分則是師徒相傳。而這樣的技藝傳承方式，最大的特色可以說是具有「祖傳祕方」的特性，也就是不外傳。以醫藥來說，當一個有效的藥方或療法被研究出來，發明者會將它傳授給誰呢？在百工科技不受官方重視的社會中，他們自然會將這些教授給後輩子孫或入室弟

子，做為謀生與生財的獨門工具。

連對人的生命健康十分重要的醫藥都不被官方所重視，更何況是其他的百工技術？這些農耕、機械、煉丹化學、土木工程等方面的技術，有些經過有心人士的整理，或許還有機會流傳後世，但在沒有官方資源協助記錄的情況下，其中就有大部分被人所遺忘，而不可考察了。

然而在這麼不利於科學研究的環境中，仍有默默從事這些百工科技的研究與記錄的學者，前仆後繼，為中國的科技文明留下輝煌的一頁，但他們自身卻只在歷史的洪流中，留下稀微的身影。像是宋應星便是明例。

2 宋應星出世的大時代

　　宋應星所出生的明朝，是介於元朝、清朝兩個外族所統治的朝代，在歷史上是十分少見的。在推翻蒙古人建立的元朝後，明朝採取的政治體制，是依循漢朝傳統的政治系統。

　　在明朝的開國皇帝朱元璋揭竿起義成功之後，飽受異族蹂躪的漢人，原本可望重回安和樂利的生活。可惜朱元璋雖出身草莽，知道民不聊生的痛苦，卻因眼光短淺，度量狹小，無時無刻都在擔心政權會受到威脅，因此對身邊的官員無法完全信任。

　　雖然中國歷代皇帝為了鞏固自己的地位，向來在訂定各種國家法令與制度時，都是以自身為第一考量，勞神費力的防堵人民對他的反對；在任用重要官職，

也常常以自己同姓宗族為第一優先，並賦予他們極高的特權，但朱元璋更是變本加厲，使得明朝反而成為歷史上極度專制集權的朝代。

朱元璋對整個政治制度最大的改變，就是廢除了傳統的宰相制度。自秦代以來，宰相設立的作用除了輔佐皇帝處理重要的國事，擔任文武百官的最高長官之外，另一方面也是避免皇帝流於專斷、濫用特權的監督制度。宰相是否有足夠的智慧和良心勇氣，去引導皇帝，與皇帝是否具有足夠的胸襟去接納宰相的諫言，與國家的興衰，有很大的關聯。

原本朱元璋有機會徹底解除遼金元以來異族的統治對漢人的壓迫，但是在他實行君主專制下，卻為明朝種下了不安定的種子。他知道宰相對皇帝的制約能

力，即便統帥了吏、戶、禮、兵、刑、工六個部門的宰相權力再大，也需要皇帝願意接納建議，才能發揮制衡的作用。他想獨攬所有的權力，於是以謀反的罪名將宰相胡惟庸處死，並下令後世不得設立宰相；若有人再建議立相，立即處死，自此明朝走向絕對的集權統治。

各個行政部門失去了首腦，便成了完全聽令於皇帝的執行機構，而本身沒有決策的能力。朱元璋本人精明幹練，因此行政上還無大礙；可是他的子孫不見得每個都如他一般，到了明朝中期之後，亂象漸生。

另一方面，朱元璋設立殿閣大學士作為諮詢對象，可是並沒有賦予其適當的權力；到了明朝中期之後，大學士的權力逐漸擴張，和皇帝之間常常有權力上的衝突，可是沒有設立適當的規範

來平衡。因此，宦官得以撥弄是非，使得皇帝與大學士之間互相猜忌怨恨，最後趁隙奪得大權。

中央集權給明朝帶來日益沉重的弊病，加上八股文考試對讀書人思想的箝制＊，整個政治瀰漫著迂腐不實的風氣；明朝緩慢的走向衰敗的邊緣。

不過，政治的腐敗惡化，並沒有影響到民間生產力的提升。

放大鏡

＊關於明代的科舉制度，可從內容、官位授與方法、特色及影響四方面來介紹：

1. 內容：以八股文取士，命題以四書五經的內容為主。考生必須經過重重的考試，包括童試、鄉試、會試、殿試，然後才依照成績定品授官。有嚴密的制度防止作弊。

2. 官位授與方法：分成二甲來錄取進士，一甲任命為翰林院修撰，二甲則命為翰林院庶吉士及其他官職。

3. 特色：(1) 實行四級考試制。(2) 以八股文取士，文章仿宋經義，以朱熹學說為立論根據。(3) 學校與科舉緊密結合，進學校成為參加科舉考試必經之路。(4) 重視進士及翰林出身之官員。(5) 防止作弊，入場有搜檢；進場後有封鎖、巡邏制；交卷後有彌封、謄錄制。

4. 影響：八股考試注重經義，從四書五經出題，不許抒發己見，造成士人學問淺陋，民族智慧為之閉塞；科場失去選賢與能的功能，以致朝政腐敗。

由於中國傳統的農業社會逐漸的轉型，改變成為以工商業為主的經濟結構，其中又以紡織業最為發達。明朝土地集中在少數的權貴手中，使得財富分配極端不平均，儘管當時以宮廷、官吏、地主、都市富豪為中心的明末都市生活非常繁榮，然而工商業所帶來的財富，並沒有使百姓的生活變得安和樂利，反而還要負擔起龐大的稅金，可以說是被剝削到了極點，生活十分窮困艱難，尤其是農民與地主階級之間，由於土地兼併的情形越來越嚴重，農民所承受的賦稅非常繁重，生活困苦，長久累積下來的怨氣，導致了農民的反抗鬥爭不斷發生，最後瓦解了明朝的政權。

在宮廷中，也有許多衝突。不同的政治集團間，相互仇視攻擊。像宋應星這樣具有真才實學卻得不到錄取的人，比比皆是；

加上明朝科舉考試腐敗，朝廷中幾乎沒有能夠改善朝政的官員，只有一些擁有較高社會聲望、具有理想的讀書人，開始挺身對抗以宦官為主的政治集團，形成紛紛擾擾，爾虞我詐的政治局勢。

宋應星出生時，當朝皇帝為明神宗朱翊鈞，在位四十八年（1572～1620年），不理朝政，整天在後宮與宮女戲耍玩樂，還染上吸食鴉片的惡習，過著放縱奢華、酒池肉林的荒唐生活。他從萬曆十七年（1589年）以後，就不再上朝，把朝政大權全部交給他所寵幸的宦官，任憑他們為非作歹，任意玩弄國政。

這些宦官不僅貪婪的聚斂錢財，甚至大肆搶掠土地，搜刮民脂；在朝廷中結黨營私，安插親信，加害不順從者，甚至濫殺無辜。內閣官員有空缺，也不替補，整個朝廷的運作幾乎呈現癱

瘓的狀況。到了萬曆末年，朝廷內閣竟然只剩一名官員方從哲。無奈的方從哲曾經上書奏請皇帝補齊閣員，沒想到神宗竟然回答：「有你一個人就綽綽有餘了，不必再增加人手了！。」

鎮日窩在皇宮裡貪圖享樂而不問政事的明神宗，卻不忘記從人民的身上搾取錢財，來滿足他揮金如土的惡習以及豢養他有如豺狼虎豹般的貪婪宦官。他派出大批礦監稅使，在城鎮關隘、交通要道設立了重重的關卡，用來課徵各種稅，人民被層層剝削。

明神宗的皇后沒有生子，而王恭妃生了長子常洛，後來鄭妃生第三子常洵，鄭妃因此被進封為皇貴妃。按照常規，應當立常洛為太子，然而神宗寵愛鄭妃，想立常洵為太子。因此立太子的事拖延了十多年。在這段時間中，許多朝臣上書反對冊封常

洵。而鄭妃早就覬覦太子的繼承權，因此勾結宦官，與支持正統的朝臣展開了爭奪皇位繼承權的鬥爭。

正統派的朝臣主張擁立常洛為太子，這樣的意見卻與明神宗不一致，因此為數不少的官員遭到貶謫、降職，顧憲成*即為一例。吏部郎中顧憲成請求立常洛為皇太子，並將具有野心的朝臣

放大鏡

*顧憲成　生於嘉靖二十九年（1550 年），字叔時，號涇陽，世稱東林先生，無錫張涇橋人。萬曆四年（1576 年），舉鄉試第一；萬曆八年考中進士，授戶部主事，後官至吏部文選郎中。萬曆二十二年在朝臣的推選下任內閣首輔（即「首揆」，明代對首席大學士的習稱）的人選時，顧憲成因與皇帝的意見衝突而遭到革職，返回家鄉無錫。後來，顧憲成在惠山講學，並提倡修復東林書院。在地方士紳和朋友的資助下，完成東林書院修復整建的工作。顧憲成和同好在此講學，並主持書院達八年之久。顧憲成在此講學，不忘批評朝政，名氣十分響亮，各地的文人志士，都慕名前來一睹風采。東林書院因此逐漸成為輿論中心，凡加入東林書院內政治活動的人，都被歸類為東林黨人。顧憲成也成為東林黨領袖之一。由於東林黨人直接抨擊議論朝廷施政，因此遭到閹黨的敵視。萬曆四十年，顧憲成在張涇橋老家逝世，葬於無錫查橋關涇村西南處，當地人稱「天官墳」。崇禎初追封顧憲成為吏部右侍郎，諡號「端文」。

沈一貫＊逐出朝廷。不料，心智早已被蒙蔽的神宗，不但不明白顧憲成的苦心，還為此大為震怒，將顧憲成革職。顧憲成失去官職之後，返回故鄉無錫，與高攀龍等人成立東林書院，利用講學，議論朝政，抨擊當權者，因此他們被人稱為「東林黨」。

由於宦官專權為禍的情形越來越嚴重，政治腐敗黑暗，朝廷中逢迎明神宗的官員趁機與宦官閹黨串通一氣，一面擴張自己的勢力，一面排除異己；而較為正派的官員於是開始挺身批評朝政，反對宦官專權，力圖改革現狀，以挽救明朝國勢的危機。

宦官所形成的「閹黨」與東林黨兩股勢力相互仇視對立，形成了明朝的黨爭。此後，各種因鬥爭所引起的弊案接連不斷的發生。

經過一連串鬥爭，明神宗終

於屈服，按照常規，立常洛為太子。為穩固常洛的地位，東林黨人力主福王*常洵離開京城移居洛陽，因此暫時獲得朝廷的主導權。萬曆四十三年，宮廷裡發生了「梃擊案」。傳聞是鄭貴妃*指使刺客持棍闖入太子宮，將守門衛兵打傷，後來被加以阻攔。

放大鏡

*沈一貫　（1531～1615年）字肩吾，號龍江，鄞縣（今浙江寧波）人，隆慶三年（1569年）進士。萬曆年間，曾任少傅兼太子太傅、戶部尚書，武英殿大學士。張居正離職後，得以入閣參與機務。沈一貫進入內閣後，表面上參與抨擊宦官，一副清官的形象，背地裡卻結黨營私，排除異己，在朝廷中造成了很壞的風氣。當時明神宗因為生病不能問政，大權落入沈一貫手中。神宗曾經考慮停止徵收礦稅，但沈一貫並沒有貫徹執行。在沈一貫執政後期，他的亂政使全國人心惶惶，反對他的人與日俱增，彈劾他的意見高漲，最後他只好藉口生病，躲在家中十年，去世時享年八十四歲。

*福王　明神宗的第三個兒子。萬曆二十九年（1601年）被封為福王。

*鄭貴妃　於萬曆初年入宮，是神宗最寵愛的妃子。萬曆四十一年，奸臣孔學為了陷害太子常洛，牽連鄭貴妃，梃擊案又有服侍鄭貴妃的太監參與其事，因此朝臣對鄭貴妃都抱著負面評價。神宗去世之後，鄭貴妃仍住在乾清宮，並命令光宗封她為皇太后，受到朝廷諸臣的反對，被移居到慈寧宮。鄭貴妃於崇禎三年（1630年）去世，葬在銀泉山。

然而明神宗卻沒有追查這件事，使得這個攻擊案的幕後主使者得以全身而退，引起朝野的強烈不滿。

萬曆四十八年，神宗駕崩，常洛繼位，是為光宗。光宗即位不及一個月，便被宦官以「紅丸」毒死＊。

這一聞名的「紅丸案」連同先前的「挺擊案」與後來的「移宮案」＊，這一連串發生的疑案顯示出明王朝已經走向無可挽回的衰亡命運。此後繼位的明熹宗，既昏庸又無能，朝政全由宦官魏忠賢一手把持。魏忠賢不僅個性兇殘貪暴、陰險狡詐，他還成立自己的情治機構，用毫無人性的方式殘害與自己意見不同的人。他的這些爪牙密布各處，彷彿間諜一般，只要發現有人與自己為敵，立刻予以暗殺。朝廷中人人自危，籠罩在一股恐怖的氣

氛中，沒有人敢發出意見。

不過，東林黨的人卻不屈服於這樣的政治迫害，他們結合少數敢言的知識分子，發起社會輿論，抨擊魏忠賢的惡行，並多次上書給皇帝，希望皇上能夠制止閹黨的胡作非為。無奈，因為長

放大鏡

＊明光宗朱常洛於萬曆四十八年八月初一登基，年號泰昌。鄭貴妃知道光宗是一個好色的皇帝，向他進獻八位美女（據《明史》、《明史紀事本末》說是四名），以取悅他。光宗照單全收，「退朝內宴，以女樂承應」，「一生二旦，俱御幸焉」，由於淫欲過度，八月十日就病倒了，太監崔文升進以瀉藥，連瀉三四十次；八月二十九日，又因服用李可灼進獻的紅丸，九月一日五更時暴斃，時年三十九歲。廷臣紛紛議論，是為著名的「紅丸案」。在位自1620年8月28日（泰昌元年八月初一日）至9月26日，僅二十九天。

明光宗雖然不是一位英明的君主，然而他即位之初卻是有心想做一個有為之君，推動立憲。他曾在短短的十天內，連續發放高達一百六十萬兩的公帑，賞賜在遼東征戰防禦的前線部隊，藉以展現他對國事的重視。在他短暫的執政生涯中，特別重視內閣和東林黨人。

＊移宮案　萬曆四十八年七月，明光宗即位後，由他的寵妃李選侍負責照顧皇長子朱由校，遷入乾清宮。不到一個月後，光宗死於紅丸案。李氏與魏忠賢密謀，企圖挾持朱由校操縱朝政。楊漣、左光斗等大臣為了防止這個陰謀，逼迫李選侍搬到仁壽殿噦鸞宮去，並擁立朱由校即位。從梃擊案、紅丸案到移宮案，這些實際上都是萬曆末年激烈黨爭的反映。

期放任，皇帝身邊早已全為閹黨的親信，皇帝對他們早已失去了約束的力量，只能任憑宦官擺弄。魏忠賢更加肆無忌憚，還編列了「黑名單」，針對名單上的東林黨人進行捕殺。東林黨的領袖高攀龍等人先後被殺害，朝廷中與東林黨有關的人也無一倖免。閹黨的勢力於是更加鞏固，形成專斷的恐怖統治。

明朝的局勢，至此幾乎已經病入膏肓。朝廷中有閹黨和東林黨間的相互鬥爭，在社會上則是農民、漁民、工人的群起暴動。

萬曆二十九年，蘇州的織工葛誠因受不了地方稅監孫隆的橫徵暴斂及無情的壓榨，與其他手工業的工人、貧民組織了一支軍隊，群起反抗。軍隊中的成員身穿白布短衣，手持匕首，殺害或驅逐稅監、礦監，接二連三發起各種反抗政府的活動，甚至包圍

了衙門，打死稅監的爪牙，打跑了稅監孫隆。

天啟八年（1628年），陝西省發生了嚴重的旱災，飢餓的災民因為受不了生活的困苦，組成起民軍揭竿而起，引發暴動。短短的時間內，農民軍便迅速擴張到上百萬人。其中最為著名的領袖有李自成＊和張獻忠＊。

就在明朝的政治充滿鬥爭，社會充滿暴動的同時，東北境外的清兵正在積極的練兵，勢力日益強大，隨時就要大舉南下壓境了，而明朝卻連一點抵抗的能力也沒有。

宋應星，就是身處在這樣的年代。

放大鏡

＊**李自成** 本名鴻基，崇禎二年（1629 年）參加張存孟的農民軍。後來隨著農民軍的聲勢逐漸高漲，李自成被農民軍的部屬稱為「闖將」。崇禎九年，被進一步推舉為「闖王」。1644年，李自成率軍攻陷北京城，終結了明朝的統治。然而在不久之後，在山海關一戰，李自成的軍隊遭到吳三桂軍隊和清兵的聯合夾擊，被打得潰不成軍，狼狽撤退。李自成匆匆在武英殿舉行即位典禮，隨即放火焚燒明朝宮殿，並撤離北京。自此以後，李自成在南北征戰中，屢戰屢敗。1645 年，李自成行軍到湖北九宮山時，遭地方鄉兵的突襲，最後下落不明。直到現在，李自成最後的結局始終沒有定論。

＊**張獻忠** 為明朝延安衛柳樹澗人，少年時過著貧困的生活，曾在延綏鎮當士兵；後來因為犯法，而被判死刑。主將陳洪範看他的相貌不凡，感到驚奇，便為他向總兵王威求情，讓他有機會逃離軍營。崇禎三年（1630 年），陝西發生飢民的暴動，暴民首領王嘉胤占據官府，張獻忠聚集群眾於米脂十八寨與他相呼應，並且自稱為八大王。王嘉胤死後，張獻忠與李自成等人歸附高迎祥。高迎祥被稱作闖王，張獻忠、李自成則被並稱闖將。崇禎八年，張獻忠參與滎陽之會，決定開始進軍，張獻忠與高迎祥共同向東攻略。不久之後，張獻忠與李自成因為某些細故，產生仇隙而分裂，張獻忠率領部隊攻打長江流域，李自成則攻打黃河流域。崇禎十六年，張獻忠進攻湖南、江西及兩廣北境，大肆燒殺擄掠，其勢力強盛，直達到南嶺南邊。崇禎十七年春天，張獻忠攻占了四川，在成都稱王，建立了大西國。該年冬天，面對無法阻擋的清兵，張獻忠在四川進行了空前的屠殺行動；他在青羊宮殺死了當地所有的知識分子，接著在中園活埋成都的人民，並且殺害衛軍九十八萬人，派遣手下四個將軍到各縣進行屠殺，後來又將億萬的金銀財寶全部丟進錦江，說是「不要被後來的人所擁有」，可說是極盡殘忍與變態。清順治三年（1646年），張獻忠從四川撤退的途中，在西充鳳凰坡被清兵射殺身亡。

3 大宅門末代的宋家

　　宋應星，字長庚，出生在明神宗皇帝萬曆十五年（1587年），江西南昌奉新縣人。

　　宋家的祖先本姓熊。元朝末年，宋家的祖先熊德甫原來在南昌府豐城擔任驛丞，就是管理驛站的官員。由於當時兵荒馬亂，熊德甫於是放棄了官職，帶著妻子宋氏，遷居到奉新縣雅溪南岸，並改姓為宋，靠著務農為生。

　　到了明朝初期，朱元璋獎勵開墾，免除三年的徵稅。當時的奉新縣北鄉，還是一片荒蕪，人煙稀少，宋德甫於是趁著這個機會，帶領整個家族在這兒開墾荒地，種植作物。隨著家族產業的蓬勃發展，宋家雇用眾多的工人、出租田地給農民，漸漸的變

成了地方上的首富。

一直到了宋德甫的第六代子孫，也就是宋應星的曾祖父宋景這一代，憑藉著優渥的環境，開始走回讀書仕進的道路。宋景在明孝宗弘治十八年（1505 年）考上進士，被派任為山東參政。此後宋景的官途十分順遂，曾經擔任南京工部尚書、南京吏部尚書轉兵部尚書，最高的官位達到都察院左都御史，相當於今日的監察委員，死後被追贈吏部尚書。宋家此時既是地方上的大地主，同時亦是官宦門第，儼然已成為當地的名門望族。

宋景共有五個兒子，宋應星的祖父宋承慶排行第三，是個博學進取，文筆頗佳的讀書人，不幸在二十七歲就英年早逝了，留下了年輕的妻子顧氏和不滿周歲的兒子宋國霖。

顧氏希望能將宋國霖培育成

材，於是請託了丈夫的親兄弟宋和慶代為教育。宋和慶是進士出身，曾經擔任過浙江安吉州同知，並且很快便被拔擢為廣西柳州府通判。此時他已經辭去官職，回到故鄉過清閒的生活。對於兄長的遺孤，他義不容辭的擔負起教育的責任。

宋國霖從小體弱多病，又沒有其他的兄弟姐妹陪伴，因此顧氏對宋國霖的照顧更為小心謹慎，生怕他身體出了什麼狀況，不願意讓他出遠門拜師，更不放心他長途跋涉參加艱辛的科舉考試。顧氏掛念的除了兒子身體的狀況，更擔心宋國霖無法延續宋家的血脈。雖然宋國霖的元配夫人甘氏曾生下一個女兒，但顧氏焦急宋國霖已經三十歲了還沒有兒子，因此又為他娶了第二房太太，也就是宋應星的母親魏氏。

由於受到母親的寵愛和保

護，宋國霖過著嬌貴的生活，養尊處優，不思上進求取功名，也不懂得如何管理家業；加上當時政治局勢轉變劇烈，宋家不再享有從前的優渥待遇，因此整個家業迅速的沒落，往昔的風光和富裕成為過往雲煙了。

若說宋應星是一位傑出的科學家，就不能不提到影響宋應星深遠的母親。

魏氏是奉新縣一戶農家的女兒，性格堅毅，她嫁到宋家不到兩年，便遇上一場猛烈的火災。這一場大火吞噬了宋家許多的房舍和財產，這對家道中落的宋家來說，猶如雪上加霜。不過魏氏並沒有因此而怨天尤人，反而一肩挑起家中裡裡外外的大小事務；除了洗衣燒飯，伺候婆婆、丈夫以及甘氏之外，更要照料家中長工們的伙食。從清晨忙碌至夜晚，常常都是等到全家用膳完

畢之後，才能夠稍微放鬆，以殘羹剩菜勉強果腹。

魏氏在宋國霖三十一歲時生下了長子，也就是宋應星的哥哥宋應昇。而在宋應昇十歲的時候，宋應星出世。

宋應昇比宋應星年長九歲，負起了照顧弟弟的責任，兩人感情深厚，總是形影不離。宋應昇和宋應星兩人的個性非常不同，宋應昇沉穩內斂，宋應星則是活潑伶俐。宋應昇在書桌前認真讀書時，小小年紀的宋應星，常常坐不住，吵著要哥哥帶他出去玩耍。宋應昇拗不過，就會帶著宋應星出去四處走走看看。宋應星從小就是一個充滿好奇心的孩子，對於各種農耕、工作器具都表現出高度的興趣。

有一次，他們跟著家裡的長工到田裡去。宋應星看到長工正趕著水牛在耕田，牛的身上掛著

一種木製的奇怪架子，在泥土裡面拖行，他好奇的問長工說：「牛的身上掛的奇怪東西是什麼啊？那是要做什麼用的呢？」

長工看著宋應星天真又認真的眼睛，只得放下手上的工作回答，說：「哈哈，你對這個有興趣啊？我告訴你，這不是什麼奇怪的東西，這是用來把泥土翻鬆的工具，叫做『耙』。當牛拖著它的時候，農夫會在後面扶著，慢慢前進，然後就能夠把底層的泥土翻到上面來，泥土也會變得比較鬆軟，稻子就會長得更好。」

宋應星聽得津津有味，他心想：「這真是方便的發明呀！可以利用牛的力量來幫忙農夫，發明的人實在太聰明了！」

接著，他們又隨著長工來到河邊，看見一群農夫正在奮力踩著水車。隨著水車轉動，水花四濺，閃閃發光，看得宋應星目瞪

口呆。原本宋應星又想發問，可是看農夫在太陽下忙得汗如雨下，他不好意思再打擾。但他仔細的觀察，發現農夫踩著水車，不但能讓水槽中加滿水，還能使得水槽中的水流進田中，灌溉農作物，這真是太有趣了。

　　這一次出門，引發了宋應星對這些農耕器具的興趣，為他日後研究、撰寫《天工開物》，埋下一顆種子。

　　母親魏氏對宋應昇和宋應星兩兄弟非常用心，儘管每天要處理家中各種繁忙龐雜的事務，也沒有忽略對兄弟倆的管教。

　　看著兩個孩子漸漸長大，魏氏開始擔憂起兩人的教育問題。魏氏並沒有機會受較多的教育，平日又十分忙碌，所以也無法給兩兄弟更多的啟蒙。而且宋應星的父親宋國霖，每天都無所事事，只滿足於兒女成群的現狀，

從來沒有意識到子女教育的重要。魏氏看到這樣的情形，更是憂心，害怕再耽擱下去，恐怕會耽誤宋應昇和宋應星受教育的時機啊！為了孩子的教育焦急如焚的魏氏，苦思良久，終於想到一位合適的人選，那就是宋應星兄弟的叔祖父宋和慶。

4 求學之路

宋和慶聽完魏氏的請求之後，爽快的接下教育宋應昇兄弟倆的工作。宋應星和宋應昇，便在宋和慶的家塾開始了求學生涯。

宋和慶一開始先教導兄弟倆背誦重要的啟蒙讀物，如《三字經》、《百家姓》、《千字文》、《千家詩》等。等到兄弟倆的基礎穩固了，便進一步教授他們四書、五經等較艱深的典籍。

宋和慶並沒有因為他們兩兄弟是自己的姪孫而採取較為寬鬆的教育態度，仍然完全按照古時私塾的規矩，嚴屬的管教。不僅要求兄弟倆背誦長篇的文章，還要求要流暢沒有錯誤。如果他們稍有停頓或錯誤，就會被斥責，

甚至重重的處罰。

宋和慶在課堂上雖然一絲不苟，私底下卻常常鼓勵他們。他經常對他們說起宋家祖先的姓氏如何從熊變成宋；祖先如何一路開墾拓荒、辛勤耕耘才有今日的基業。尤其說到他們的曾祖父宋景時，他更是滔滔不絕、眉飛色舞的對兩兄弟說道：「我的父親，也就是你們的曾祖父，三十歲的時候就中了進士，官位做到吏部尚書！每日朝見皇帝，日理萬機，處理國家許多重要事務，多麼光榮！」接著，他露出期許的眼光，繼續說：「而我也繼承了父親的志業，考上進士，在朝為官。只可惜你們的祖父身體不好，英年早逝，沒有機會成就功名；而你們的父親，因為體質虛弱，經不起辛勞，也與功名無緣。我們宋家祖先的光榮與成就，就留待你們兩個去繼承、去開創！」

在叔祖父嚴格教誨與激昂的鼓勵之下，兄弟倆兢兢業業的苦讀了八年。

這時宋和慶已經超過了七十歲高齡，無力再繼續教育宋應星和宋應昇，於是就把他們交給他們的遠房叔叔宋國祚來教導。

宋國祚是飽讀詩書、博學多聞的人，詩詞曲賦樣樣精通。不過，他生性澹泊名利，不追求仕進，僅把他的所知所學都用在教育後生晚輩上。

這對宋家兩兄弟來說，是一件再幸運不過的事。有這麼一位專注於教育的優秀老師，對他們的學習，當然有良好的助益。

有一天，宋應星身體不舒服，比較晚起床，眼看就要錯過宋國祚的晨課。他匆匆忙忙趕到學堂時，晨課已經快要結束了。宋國祚規定，每個學生在每天晨課都必須要背熟七篇文章，並且

在課堂結束前要抽背，驗收學生是不是真的背得滾瓜爛熟。才剛到學堂教室外，宋應星剛好遇上老師點名哥哥抽背今天晨課新記誦的課文。

遲到的宋應星，沒有經過老師的允許，不敢進入教室，只能站在門邊，等著被老師責備。

宋應昇正確又流暢的把文章背完，老師稱讚了他幾句後，立刻板起一張嚴屬的面容，轉頭對宋應星說：「你既然都遲到了，還不趕快進來背誦課文！」

沒想到宋應星並沒有驚慌失措，反而直接開始背誦起課文，並且一口氣將七篇課文一字不差的背完。

宋國祚沒料到宋應星可以如此流暢的背誦課文，一時驚訝，拍了一下桌子。

宋應星嚇了一大跳，以為老師要斥責自己，緊張得不得了。

　　只見宋國祚臉上露出了笑容，問道：「應星，你什麼時候先自己背誦了這幾篇課文啊？背得這麼流利！」

　　宋應星連忙回答：「稟告老師，剛才學生遲到，站在門邊，恰巧聽見哥哥在背誦課文，便凝聚精神，專心聆聽，好像作夢一樣，這些課文就全部都記在腦海中了。您要我背誦這些課文的時候，我又好像從夢境中醒過來一樣，課文的每一字、每一句都非常熟悉。」

　　宋國祚非常高興，他知道宋應星的天賦優異，超乎常人。也因此對宋應星更加認真嚴屬的指導。而宋應星少年英才的名聲也漸為鄉里之間所知。

　　宋應星確實是勤奮用功的好學生。隨著年歲漸長，他也更廣泛而深入的閱讀了各種重要艱澀的典籍。其中包括了儒家的十三

經＊；張載、朱熹、周敦頤、程頤理學四大家的思想。諸子百家的論述，他都能通透連貫，不拘泥死讀，甚至能夠舉出不夠完備的地方，加以補充。

就這樣，宋應星在嚴謹紮實的教育下力學苦讀，熟習各種文體寫作的方法，具備了應付科舉考試的基本技巧和知識。

面對繁重的課業、沉重的壓力，宋應星偶爾也會感到疲憊。而他排解壓力的方法，便是趁著假日或者閒暇時，跟著哥哥和同學鄧紹煃等人，一同到奉新縣城和郊外去遊歷。這些旅遊的經驗，擴展了他的視野和心胸；隨著遊歷的足跡越來越遠，越來越廣，宋應星漸漸的不再滿足於待

＊十三經　即《易》、《書》、《詩》、《周禮》、《儀禮》、《禮記》、《春秋》、《左傳》、《公羊傳》、《穀梁傳》、《論語》、《孝經》、《爾雅》。

在家鄉的私塾中求取學問了。

決心更上一層樓的宋應星，和哥哥一同前往鄰縣新建，到自己的舅父鄧良知的門下學習。

鄧良知的門下，除了宋應星兄弟外，尚有宋應星的堂叔宋國璋（宋和慶之子）、遠房姪子宋士中（堂兄宋應和之子）等人。

一年多之後，鄧良知考中了進士，到朝廷當官去了。他被派任到南直隸宜城擔任縣令，後來又擔任福建建興泉兵備道，並且在福建平定倭寇的戰役中，展現了沉著靈活的領導能力，立下了功勞。這件事對宋應星來說，是一個極大的刺激和鼓勵，讓他十分嚮往能成為像老師一樣有作為的讀書人。

在送別老師之後，宋應星和其他同窗相約一同前往南昌，拜當地著名的學者舒日敬為師。

一身正氣與傲骨，不媚俗、

不討好權貴的舒日敬，除了才華出眾，令人佩服外，在他出任泰興縣縣令時，有一件讓人津津樂道的軼事。

當時在泰興縣出了一個惡名昭彰的地痞流氓，名叫張耀。他到處為非作歹，偷竊、強盜，幾乎無所不為。然而他卻與吳姓太守有所勾結；仗勢著高官的庇護，張耀的惡行一直沒有辦法被制止。舒日敬一到任，得知實情，便將張耀逮捕上公堂，準備進行審判。沒想到張耀竟然毫不畏懼，對著舒日敬咆哮威脅，甚至還把綑綁他的枷鎖當成武器傷人。由於情況十分危險，張耀又不聽勸阻，吏卒們不得已，在危急中把張耀當場擊斃。

事後吳太守怪罪舒日敬處理不當，處處為難他，並將他降職為徽州府儒學教諭。舒日敬一點也不抗爭辯解，毅然的將烏紗帽

拿下，毫不眷戀瀟灑的拂袖而去，返回故鄉，開始致力於教育後進的工作。

他的學識與氣節聲名遠播，許多著名的私人書院都邀請他前往講學，例如紫陽山書院、白鹿洞書院等。在他的指導下，造就了許多文人名士。他在教育上卓越的貢獻，甚至還傳進崇禎皇帝（1628～1644年在位）的耳中，並曾多次邀請他入閣擔任重要的官職，但卻一直被舒日敬婉拒了。

在鄧良知與舒日敬這些良師的言教與身教的薰陶下，宋應星不僅在學識上有長足的進步，對於當時官場文化，也有了較深的認識。而舒日敬體恤百姓的仁心、不懼權貴的正氣，更深深烙印在宋應星的心中。

宋應星除了專注於科舉考試的典籍之外，他對音樂、棋藝也頗有涉獵；對科學技術相關的知

識，他更有強烈的求知慾。

宋應星就在這樣的環境裡不停的努力求取學問，並和同窗同學互相切磋、互相激盪，期許自己能夠在科舉考試中，有優異的表現，走上官途，為國家百姓盡一份心力。

事實上，宋應星與宋應昇還肩負著家族的期望——希望他們兩個能夠繼承祖父的志業，和父親未能達到的理想。雖然擔子沉重，但是宋應星並沒有因此而逃避；相反的，他和哥哥相互砥礪鼓舞，期許能夠功成名就，光宗耀祖。在宋應星老家村落的入口，立著一座刻有「三代尚書」的石牌坊，這是為宋應星的曾祖父宋景所立的，也是宋家的光榮！宋應星每每舉頭望見這個牌坊，內心就會為之一振：一面深感榮耀，另一方面更督促自己不可懈怠，要繼承曾祖父的成就。

5 漫漫科舉路

　　萬曆四十三年，宋應星二十九歲，他與哥哥宋應昇一齊前往省城南昌參加鄉試。

　　這一次的鄉試，全江西省有超過一萬人參加，只有一百零九人能夠上榜。雖然不過是個鄉試，但對於第一次參加考試的宋應星來說，面對這麼多競爭者，他仍是不敢掉以輕心。

　　試卷一發下，他深深的吸了一口氣，告訴自己：「養兵千日，用在一朝，我一定可以考得好！」接著振筆疾書，順利的將試題答完。

　　鄉試結果公布，宋應星在萬人中脫穎而出，高中第三！宋應昇則名列第六。而與他們兩個同時列榜的奉新縣同學，有好友塗紹煃和姜曰廣。

　　得知這樣的好消息，宋家自然是欣喜萬分。奉新縣的考生中，宋家家中便有兩兄弟中舉，此後他們兩人被稱為「奉新二宋」。初戰告捷，宋應星和哥哥馬上直奔祖墳祭拜，告訴曾祖父宋景這個好消息。兄弟倆也沒有忘記叩謝自己的啟蒙老師——叔祖父宋和慶，感謝他的指導。

　　宋和慶對這兩個姪孫本來就十分看好，儘管心中充滿了喜悅，還是不忘勉勵他們兩兄弟，說:「你們兩個表現得很好，今後還要更加努力，後面還有更艱難的考試在等著你們呢!」

　　宋應星兄弟心裡其實也很明白，鄉試中舉固然是一件喜事，但這只是通往進士之路的起點而已。宋應星絲毫不敢鬆懈，和哥哥馬上收拾起中舉的喜悅，更加戰戰兢兢的準備進京趕考。不過，鄉試的好成績，的確給宋應

星打了一支強心針，讓他對仕進的路途，有了一些信心。

該年冬天，兄弟倆懷著忐忑的心情，乘船往京城出發了。

颯颯的寒風中，同樣進京趕考，兄弟倆的心情卻也不太相同。

宋應昇當時已經三十八歲了，心裡所想的，是盡快求得功名，是如何一試中舉。

或許是因為年歲較輕，宋應星認為自己從小到大沒有機會遠遊，這一趟進京趕考，是難得的機會，絕不能虛度此行。這一趟路途，要經過江西、湖廣、南直隸、北直隸，進入北京，和從前只能在省城附近的名勝古蹟遊玩，大不相同，對向來喜愛遊歷觀察的宋應星來說，實在太令他興奮了。他一路上興致盎然，一面吟詩＊，一面仔細考察沿途風光、記錄下所見的風土民情、技藝物產、社會情勢等。

　　經過的每個地方，宋應星都會特別留意當地的特殊產業與產物。他會走到鄉野中，去和農人訪談閒聊，聊農作物的收成，也聊各種耕種的方法。對各種生產技術有濃厚興趣的他，也會到工廠去參觀，並提出問題，尋求解答。宋應星漸漸發現，在這些讓人覺得再平常不過的工作中，有令人意想不到的智慧與經驗的累積，更有許多是在書本中讀不到的。

　　兄弟倆就這樣在旅途中相互陪伴，在河流波浪中研討學問，吟詩作對，抒發議論；遇到乘車或是走路的時候，就沿途探訪，觀察記錄。山川風景就在兩人不停的跋涉中變換流去，不知不覺

放大鏡

＊宋應星在應考的船上所寫的詩為：「餘年近三十，足不離郡黨。每每展輿圖，時時寄夢想。吾兄亦復然，遐征從日方。去去燕山勞，金台延郭郎。南陽豈笑我，輕舟正破浪。」

間，萬曆四十四年的京都會試近在眼前了。

全國各地中舉的菁英齊聚北京，在京師的禮部門前等候。考生們帶著自己準備的、放有糧食的籃子，排隊等著出示證明文件、核對身分和資格，在經過嚴密的搜身程序，證明沒有夾帶違禁品之後，才被准許進入考場。

考場內紀律森嚴，更透出一股緊張的氣氛。每個考生被分配到一個小小的房間，乍看之下，很像一間間的牢房。

這種光景，讓宋應昇想起從前念過的一首詩「負凳提籃渾似丐，過堂唱號直如囚」，不正是描寫這樣的情景嗎？背著小凳子，提著籃子，好像乞丐一樣，監考官一個個唱著考生的號碼，就好像在叫著囚犯一樣。從前讀這首詩，並沒有什麼特別的感受；但此時此刻，卻猶如置身於

詩文所描寫的情境中，不由得啞然失笑。

宋應星面對這樣的情景，不免緊張起來。於是他開始默默背誦宋真宗的〈勸學詩〉來穩定不安的心緒：「富家不用買良田，書中自有千鍾粟。安房不用架高梁，書中自有黃金屋。娶妻莫恨無良媒，書中有女顏如玉。出門莫恨無隨人，書中車馬多如簇。男兒欲遂平生志，六經勤問窗前讀。」這首簡單的詩，在這樣緊張的時刻，多少帶給宋應星穩定的力量。宋應星閉眼在心中一遍又一遍念著，不知經過了多久的時間，他突然聽見了監考官叫喚他的名字。他睜開眼睛，步入試場。

宋應星專注在試卷上，振筆疾書，忘記了時間，也忘記了寒冷。

寒窗苦讀了二十多個年頭，

換來對經史子集的倒背如流；二十幾年的青春歲月，換來對八股文寫作的通透嫻熟。儘管心中忐忑不安，宋應星兄弟充滿信心等待著放榜，希望能功成名就，返鄉報喜。

然而出乎意料的，宋應星兄弟雙雙落榜，名落孫山。難道二十幾年來的辛苦努力，都付諸流水？

對宋應星兄弟來說，這個結果簡直是晴天霹靂。究竟原因出在哪裡呢？是文不對題？錯引經典？還是行文的內容不得主考官青睞？他們百思不得其解，只能用運氣不佳來自我安慰。

「一次不行，就再試一次吧！不必因此妄自菲薄！」宋應星兄弟並沒有因為這一次的落榜而放棄希望。

他們兩個互相勉勵，返回奉新之後要更加努力，為四年之後

的會考做準備。

一上公車＊不成功，二上公車一定要金榜題名！

宋家兄弟第二次進京趕考。這次，同行的還有舅父甘吉陽。不知道真是實力不如人，還是造化弄人，這一次的會試，三個人全都榜上無名！

考中進士的理想真的距離他們如此遙遠嗎？苦讀了將近三十年的宋應星，仕進之途像是一條不能回頭的路，一旦放棄了，往日的辛苦煎熬不就白費了嗎？此後接連在天啟三年(1623年)、天啟七年的兩次會試，舅甥三人不屈不撓的前去赴考，卻仍然榜上無名。舅父甘吉陽年事已高，面對這樣的打擊，也已經無力再繼續奮鬥

＊公車　在漢代的時候，考生要到京城去參加進士的考試，朝廷會派出公家的交通工具來專程接送。因此，沿襲下來，「上公車」便成為進京會試的代稱。

了。不過他仍然鼓勵宋應星說：
「我已年老力衰，只能空留遺憾。你還年輕，還曾是奉新舉人第三名，我相信你一定有中進士的實力，你要好好堅持下去。」

宋應昇此時也已年逾半百，心境上同樣也是感慨萬千。不過，他還沒有放棄。看看自己漸漸發白的髮鬢，他強振起精神，對弟弟說：「應星，你我考了四次都不成功，或許是命運的安排。我雖已年逾半百，但對於一直以來抱持的夢想和努力，仍不願放棄。我決定和你一同參加四年後的會試。雖然曾祖父三十歲便中進士，不過，叔祖父中進士時，也已四十五歲。恩師鄧良知中進士時更已達五十六歲。看看這些前輩，我們實在不該就此放棄！」

面對這些鼓勵，宋應星激動不已。心中原有的失意和怨嘆，也不再那麼強烈了。想想，兄弟

相伴參加科舉十幾年，兩人一路相互扶持鼓勵，哥哥年紀較長，還壯志未消呢！自己又怎麼能夠消沉？於是他振作起精神準備和哥哥五上公車。

從第一次落榜，到第五次參加會試，宋應星兄弟又苦讀了十六個寒暑，原本精熟的經書詩文，更加爐火純青；八股文寫作更是得心應手了。經過這些年來的歷練，從小便被誇讚聰穎過人的宋應星兄弟，從年少時的自信昂揚，已經被磨成內斂而沉穩。宋應星的心中，對於科舉是否能夠中第，已經不像當初那麼充滿期待了。他和哥哥只是照著一定的步調，把曾經念過的書，做過的功課，一次又一次不厭其煩的重新複習。讀這些書，早已成為生活的一部分，沒有少年時期讀書時的那種急躁與狂熱，只有平淡。

然而，第五次應試，他們竟然還是雙雙落榜！

從二十九歲開始參加科舉考試迄今，已匆匆度過十六載。宋應星已是四十五歲的中年人了。為了科舉考試，幾乎耗盡了所有的家產，長途奔波跋涉，也虛擲了自己寶貴的青春。面對著家裡的妻兒，宋應星百感交集：既不甘心，又無奈。該不該再繼續堅持走科舉的路呢？

多年的努力難道真是一場空嗎？殘酷的現實，固然逼使宋應星從「學而優則仕」的想法中脫離出來，五次長途跋涉，水陸兼程，也打開了他的眼界。宋應星沿途考察風俗民情，田野作坊，在與農民、工人等勞動階層的訪談中，學得了不少農業和手工業的生產知識與技術，同時也逐漸感受到社會風氣的轉變與政治的腐敗。這些所見所聞，都為他日

後寫作《天工開物》奠下厚實的基礎。

在這幾次進京會試的旅途中，宋應星親眼目睹了明末社會的實際情況；例如在前往會試途中，宋應星便曾經親眼看見儀真和京口間，雖然只隔了一條江，短短幾里路，卻設置了兩道稅關，對過往的百姓進行課稅。這一路上關卡林立，往來多次，宋應星更有深沉的感觸。

而這些稅官們除了將搜刮來的財寶上繳給宦官外，還對一般工商業主以及普通百姓苛捐雜稅，再次無情壓榨。另外，朝廷藉口訓練兵力以對抗後金的侵略和剿滅農民軍的叛亂，還要向人民加徵「遼餉」、「剿餉」和「練餉」三種餉金，一般小老百姓，生活早已十分困苦，面對層層的剝削，負擔更是沉重。人民怨聲載道，位居上位的官員卻充

耳不聞，而長期為了科舉考試來回奔波的宋應星，把這一切都看在眼裡。

　　對於像宋應星這樣出身於地主之家的讀書人來說，這些情況是無法從書本中了解到的；只有透過實際走訪百姓生活，才能真正觀察和體驗到當時的許多實際的社會現象，了解明末政治、社會風氣的敗壞。加上聽說魏忠賢的乾兒子崔呈秀，買通了考官，讓自己不學無術的兒子金榜題名。這樣營私舞弊的事件層出不窮，縱使百姓議論紛紛，卻也無法遏止。科舉制度已被宦官所把持，成為他們裝點門面、粉飾太平的陰謀手段。宋應星逐漸意識到，科舉制度已經變成一種對社會毫無助益的虛妄遊戲，學子們投入大量的青春，卻只能蒙蔽良知，漠視國家的危難與社會的困境，陷在書齋裡變成麻木不仁的

書呆子。隨著一次一次的會試失敗，宋應星對科舉制度的厭惡也日益加強。所幸，他並沒有喪失追求良知與知識的傳統儒學價值，轉向批判社會各種弊端與不公，並積極研究與民生有關的實用科學。

宋應星花了半輩子的時間，依循傳統讀書人的價值觀去追尋夢想，如今才逐漸了解生不逢時的無奈。

於是他的心念一轉，下決心遠離科舉，轉向實際學問的研究，鑽研與國計民生有密切關係的科學技術。

這是他一生中的重要轉折。

6 教學與研究的生活

宋應星回到家中，將自己的書齋命名為「家食之間堂」，來表明自己看破科舉仕進的心境。

「家食」的意義，取自於《易經·大畜》，原文是「不家食，吉：養賢也」。意思本來是說，要妥善的使用做官的俸祿，讓有賢德的人不必在家中自食其力。也就是為政者要能舉用賢能的人。

宋應星在這裡是刻意採用了相反的意思，一方面用來凸顯對時局與科舉舞弊的感慨，一方面更用以期許自己，不再追求官場的俸祿，在家做個普通人，研究自食其力的學問，也就是農業、工業技術的學問。

儘管逐漸能夠認清現實，宋應星還是消沉了好一陣子。加上

父親宋國霖、母親魏氏在兩年間也相繼過世；家中又添丁，這對家業早已衰落的宋家而言，經濟上的負荷越來越沉重。種種生活的壓力不停的加在宋應星的身上，他知道，不能夠再這樣一蹶不振了。

宋應星心想：哥哥宋應昇受到地方官府的薦舉，到浙江桐縣擔任縣令約一年了，為了生活，他也決定像哥哥一樣，謀得一個官職來養家餬口，並且可以利用工作上的便利，進行關於民生實用學問的研究工作。

崇禎七年（1634年），宋應星在離奉新不遠處的分宜縣謀到一個教諭的官職。教諭是管理縣學的小官，薪俸也很微薄。不過，這段時間，卻是宋應星一生中極重要的時期。他最著名的作品《天工開物》就是在這一段時間寫成的。

　　此時，宋應星正處於人生中最窘迫的時刻。壯志未竟，家道衰微，阮囊羞澀。

　　在縣學中擔任教育二十名學生的工作，以他的學識見聞而言，自然是輕鬆愉快的。靠著這一份微薄的薪水，雖無法讓全家人錦衣玉食，但至少可供一家溫飽。他過得心安理得，也漸漸的安於這樣的平凡生活，他還利用閒暇的時間，專心做研究、寫文章。他將先前五次北上旅途中的所見所聞、訪談考察的筆記重新整理，並利用縣、府的圖書資料加以印證研究，展開充實嚴謹的學者生涯。

　　另外，他仍保有一顆警醒的心。儘管生活並不如意，他也沒有失去讀書人的理想和氣節。看清社會、政治環境的黑暗，朝廷的腐敗，宋應星不再是一個只懂得舞文弄墨，不了解民間疾苦的

文人騷客；他已經能深深體會到人民百姓的困苦。猶如他十分欣賞的東林書院的對聯所寫：「風聲雨聲讀書聲，聲聲入耳；家事國事天下事，事事關心。」他用這樣的態度，一面鑽研與民生息息相關的實用學問，一面關心天下人的事。他不時聽說國家的種種內憂外患，自己卻又無能為力。想到時局動盪，民不聊生，心中激盪不已的宋應星曾寫下這樣的句子：「長太息以掩涕兮，哀民生之多艱。」＊

有一次，他受邀到一位當官的朋友家作客。朋友家中的布置十分華貴，尤其擺放了許多大大小小的精緻花瓶。向來對各種器物觀察敏銳的宋應星，馬上就發現這些花瓶的質地、成分，還有

 放大鏡

＊這兩句詩的意思是：「經常嘆氣來掩飾哭泣，為民生的種種艱難感到哀傷。」

捏造、燒成、染色的技巧各不相同，於是便興沖沖的想和朋友討論一番：「您收藏的這些花瓶，各有各的特色，實在令人目不暇給。您可以為我介紹一下這些花瓶在製作上有什麼巧妙的地方？我實在很想知道！」

沒想到，卻當場被潑了一盆冷水：「我是個讀書當官的人，怎麼會有時間和心力去了解這種雕蟲小技？我研究的，可是經世治國的學問。像這種凡夫俗子、販夫走卒做的手工藝品，只要有錢，要多好的東西都買得到，何必知道怎麼製作。宋賢弟，我看你還是別把心思放在這些東西上，好好努力，再次進京考試，等到像我一樣金榜題名的時候，這種東西，你要多少就有多少。」朋友一臉不以為然的說。

原本興致勃勃的宋應星，聽了朋友這一席話，才發覺自己與

朋友之間的價值觀落差有多大。宋應星強忍著心中的不滿情緒，匆匆告辭。

一想到因為科舉及第而任高官的友人，對於讀書的態度竟是如此現實膚淺，宋應星覺得很不可思議。莫非是八股考試帶來的弊病？讀書人不重視與百姓生活息息相關的學問，只知道要讀死書以牟取高官與財富，無怪乎沒有人重視百姓生活的疾苦。

儘管只是一位小小的教諭，宋應星還是有滿腔的慷慨激昂。他從民生的角度去剖析社會，期盼以結合科技發展的方式來進行政治的革新，挽救明末的危機。靠著一股正氣、滿腔憂國憂民的熱情，他在擔任分宜縣教諭的四年當中，振筆疾書，將內心翻湧不止的想法抒發於筆墨之間。日以繼夜，焚膏繼晷，像是要吐盡他心中所有的肺腑之言般。在他

五十歲的那一年，刊行了《畫音歸正》、《原耗》、《野議》和《思憐詩》等著作。

特別值得一提的是《野議》的寫作由來，這本書可以說是宋應星政論文章的代表作品。

當時分宜縣的縣令曹國祺，和宋應星的交情頗佳，兩個人的志趣相投，又談得來，常常一起欣賞風景，吟詩作對，討論時局。

崇禎九年（1636年）暮春三月的一天，曹國祺突然興致昂揚，邀請宋應星一同到縣內的風景名勝鈐山去遊歷。盛情難卻之下，宋應星暫時放下手邊繁重的寫作和研究工作，抽空與曹國祺一同度過難得悠閒的一天。

兩人就在松影輕曳中，對坐在蔭涼的青石板上。清風徐來，黃鸝啼囀，啜飲著清酒，吟詩詠賦，十分輕鬆愜意。

正當兩人沉浸在這難得的閒適之際，突然出現的縣衙公差卻將美好的氣氛頓時趕得煙消雲散。只見公差遞上一份新到的邸報*。

兩人翻閱邸報，沒想到竟然瞥見一篇奇特的文章。文章主要是有人上書給皇帝毛遂自薦，論述自己具有什麼樣的資格，請皇帝賜予他官位。宋應星和曹縣令都覺得這是件荒唐怪事。

不過，這篇奇怪的文章卻也帶給兩人另一種樂趣。

兩個人把這份奏議反反覆覆讀了幾次，覺得裡面有些觀點頗有可議之處。

宋應星說:「曹先生，這篇請求授官的文章，立論的觀點雖稱得上磊落坦率，然而寫作這篇文章的人，眼光見識卻很膚淺，沒

*邸報　官方發行的政治公報。

有深入獨到的見解。如果這樣的人，呈上這樣的奏議，因而獲得官職的話，我朝的政治究竟會敗壞到什麼地步呢？況且連學識如此短淺的人都敢直接上書給皇上要求官位，政治風氣的敗壞實在令人擔憂呀！我不能苟同。」

曹國祺對宋應星的意見深表贊同。兩人於是越聊越熱烈，開始對社會政治的弊端加以針砭，對貪官亂黨的惡行大加抨擊。

聽著宋應星滔滔不絕的議論，曹國祺非常讚佩。

他對宋應星說：「宋賢弟，你這些意見很能洞悉當前時局的病徵。我認為你應該把這些寶貴的議論化成文字發表，喚醒更多有氣節者的意識，對國家社會都是一件有益的事。」

宋應星聽了這番鼓勵，原本翻騰昂揚的思緒更加澎湃不已。事不待緩，宋應星在回家的路途

上，就開始構思如何將這些思緒化為文章。興奮不已的他，回到官署後，立刻燃起油燈，振筆疾書。

埋首於筆墨紙張之間，宋應星的筆一動就沒有停過。毛筆行過，白紙上出現了一行行宋應星的心血思緒，並且綿延不止。

不知不覺間，星月都已歇息，天色漸白，而宋應星的筆仍未歇止。

破曉時分，宋應星的書房裡傳來一陣長長的舒緩嘆息；呈現在書桌上的，便是宋應星不眠不休的成果：超過一萬字的議論文，宋應星將之命名為「野議」。

「野議」這個名稱，宋應星在序言中開宗明義的指出，朝議*已經沒有勇於直諫的人了，

＊朝議　指朝廷中官方的政治評論意見。

可是民間的議論聲音卻越來越多。相對於朝議，這些來自民間的野議並無惡意，也無意干預朝議。

在《野議》中，宋應星揭露和批判了當時政治制度的種種弊端以及官吏腐敗的情況，強調各級政權機構人事制度和國家教育事業的重要性，並且提出了實際的革新方案，包括官員編制和教育政策等。

其次，他揭露了當時政府的財政、稅收等經濟政策的漏洞，以及當時民生窮困的困境，並提出了革新方案和解決之道。他還旁及國防，談論用兵、練兵和籌措軍餉的方法。

對於社會方面，他也針對當時的亂象提出移風易俗，以改善社會風氣，提升人民精神生活的建議。他還大膽的分析了明末農民暴動的原因。

　　宋應星主張減免對人民的橫徵暴斂，呼籲掃除軍界、政界中的貪官汙吏，代之以廉潔奉公、一心為國的清官；使工農能獲溫飽、商人能有利可圖、貧士有獲得科舉入仕的機會、各階層的人都能各安其業，然後，全面發展農業、工業和商業；養兵練武，那麼也許可以挽救頹喪的國運。書中有許多精闢思想，譬如：認為社會財富是勞動創造的，增加社會財富就要大力發展農業和工業，以提供豐富的勞動產品。

　　這些議論，顯示他身為知識分子的氣節。雖然處於身不由己的時代，不能達成濟世的理想，但是宋應星的眼睛卻仍是明亮，心是清醒的。

　　隔年(崇禎十年)，在友人塗紹煃＊的資助下，宋應星發表了他一生中最重要的作品《天工開物》。

　　不過，宋應星在撰寫《天工開物》的時候，其實遭遇了不少的困難。雖然他長期四處考察，但大多只限於觀察和理論的記錄，然而科學研究最需要實際的操作與了解，才能使研究成果更正確、更深入。對於許多的機械器具、原料典籍，宋應星雖然很想加以收集，以便進行研究，然而以他微薄的薪水，實在難以支付這樣的開銷，這是一大遺憾；另一方面，對宋應星來說，缺乏可以相互討論、志同道合的朋

放大鏡

＊塗紹煃　塗紹煃和宋應星是舒曰敬門下的同學，並在同一年中舉。塗紹煃的名次在宋應星之後，為第四名。塗紹煃是宋應星非常要好的朋友，兩人心意相通，無話不談。塗紹煃的女兒嫁給了宋應昇的第三個兒子宋士額，因此又是宋應昇的親家。塗紹煃曾經擔任河南信陽兵備道，積極主張開發礦藏，興辦工業，以提供抵抗清兵所需的開支，並且在江西設立第一座冶鐵鑄器的工廠。宋應星的《天工開物》如果沒有塗紹煃協助出版，恐怕至今仍不見天日。崇禎末年，塗紹煃轉任廣西左布政使。1645 年 6 月，清兵南下攻入江西，塗紹煃帶著家人逃走，卻在君山湖時，遇到颱風，將船覆沒，塗家全都在這場災難中不幸喪生。

友，是更大的缺憾。

他在《天工開物》的序言說道：「這本書的內容，重視農業的生產，而輕視金銀珠寶等奢侈品。」又說：「請一心追求做官的讀書人呀！把我這本書丟在書桌一旁吧！這本書對於你們求取功名，一點幫助也沒有。」可以看出宋應星對一般只知道求官職而不重視人民生活的讀書人，是相當輕視的。

寫作《天工開物》，全都憑藉自己對於實證學問的熱情在支撐著，宋應星的心裡，想必是很寂寞的吧！

短短數年間，宋應星的幾本論著不斷的問世。而《天工開物》和《野議》這兩本代表作，分別展現了他在科學和政治兩方面的心血精華。由於寫作時文思泉湧，宋應星總是趕著將想法盡快寫出，唯恐一個閃神便錯漏了

半分，因此他的文章較少有潤色修改，引用典籍的方式也不按常規，往往手隨意走，旁徵博引。著作的行文風格大多樸素無華，言簡意賅。

四年的教諭生涯在忙碌充實的研究著述生活中，轉眼飛逝了。他在研究工作上表現傑出，正職的工作也十分稱職，不論是分宜縣令曹國祺或者是縣學中的學生、同事對他的表現都給予很高的評價。因此，在四年的任期屆滿之後，他被拔擢升任福建省汀州府的推官一職，掌管刑獄審判。這是宋應星五十二歲的事，時年崇禎十一年。

汀州府位在閩西武夷山東邊，境內多為起伏的丘陵與茂盛的森林。由於素來有盜匪出沒橫行，社會治安並不安定。

就在宋應星到任的前一年，發生了一場叛亂。帶頭的領袖是

海盜出身，人稱「陳缺嘴」，他在距漳州五十里，離海不到一百里的南靖建立了根據地。這一股由陳缺嘴所領導的農民軍，從南靖攻入了汀州府的永定縣。

宋應星到任後，便派遣兵力駐紮在漳州的漳南，等候時機，圍攻南靖的陳缺嘴。

雙方經過一陣廝殺，陳缺嘴在反抗時被殺身亡，群龍無首的情況下，農民軍勢力旋即瓦解。事後，宋應星對於受到煽動隨從反叛的農民，下令從寬處理，大部分人都獲得釋放。

抱持著體恤農民疾苦的宋應星，萬萬沒有想到，兩年以後，獲得釋放的陳缺嘴部隊的殘眾，竟又聚集在沿海的島嶼、港口，再次叛亂。地方督撫得知這樣的情況，震怒之餘，責備宋應星處理不當，姑息養奸。宋應星獲知，表示願意負起責任，隻身前

去勸說暴民。督撫擔心宋應星的安全，所以打算派大軍掩護他並一舉消滅叛眾。但是宋應星並不同意以戰爭的方式來處理。

於是他獨自深入叛軍陣地，向他們勸說，動之以情，說之以理，最後順利招降分化這些叛亂的群眾，讓他們各自散去，並焚毀了這些叛眾的營寨，平定了這場叛亂，更免除了一場流血戰爭。

宋應星雖然平定了叛亂，不過這個事件卻在他的政治生涯中留下了汙點。朝廷認為是因為他先前處理不當，才導致後來演變成更大的動亂，於是對他提出彈劾。

原本只求安穩而走回當官的路途，在有機會實踐自己的理想時，卻不被諒解。宋應星想起志同道合的友人劉同升，心裡油然生起一股不如歸去的念頭。掛念

起多年不見的老朋友，不知道他這些年來，是不是也有許多不為人知的境遇呢？於是，念頭一轉，宋應星毅然的拋下官職，準備回鄉，去拜訪老朋友。

三十年的歲月有如一瞬，還記得那時候他們都還年輕，在一次遊歷九嶺山的旅途中，宋應星與江西吉水的秀才劉同升偶然相遇。在攀談的過程中，宋應星發現劉同升的見解不凡，談吐文雅，抱負遠大。兩人愈聊愈投機，都有相見恨晚的感覺。加上兩人同年，更覺得有緣分，於是變成了知交。短暫交會後，兩人各奔前程。臨別前他們相約三十年後同月同日，在劉同升的家鄉再次相聚。

為了這個約定，宋應星日夜不停的趕路，翻山越嶺，急切的要趕在兩人相約的那一日抵達江西南部的吉水。

一諾千金，他知道他的老朋友劉同升正在等待著他的赴約。

兩人見面的那一刻，酸甜苦辣盡在不言中。

宋應星這才知道：劉同升在天啟元年中舉人，而後又於崇禎十年時，高中狀元，被派任為翰林院修撰。由於他為人耿介正直，為官清廉。在一次聯名彈劾當朝的權臣時，崇禎皇帝無法接納進言，反而在盛怒之下，將劉同升貶官為福建按察使知事。劉同升因此託病辭官，返回家鄉。

三十年的歲月，物換星移，滄海桑田。當年兩個意氣風發的青年才子，而今歲月已在他們的身上留下痕跡。當年的瀟灑昂揚，都在兩個人各自的人生的歷練、官場的失意中，淬煉成另一種歷經風霜後的灑脫。

人生的酸甜苦辣，都在與好友的談笑間，獲得些許的撫慰。

只是，兩人都沒有想到，再次分離，相隔卻是永恆。

當宋應星回到奉新家鄉居住的期間，李自成領導農民對抗朝廷的活動正風起雲湧，各地都有農工階層的民眾紛紛響應，天下可說是一片混亂。在奉新縣也有一對木工兄弟李肅十、李肅七，組織了一支以農人、工人為主的軍隊。參與的人頭上都綁著紅色的頭巾，因此稱為「紅巾軍」。他們打著「殺貪官、除惡吏，劫富濟貧」的口號，以驚人的速度將勢力擴展到靖安、安義地區，勢如破竹。朝廷曾經多次派兵前往圍剿，卻都無功而返。

原本想在奉新靜靜隱居的宋應星，知道這一對兄弟是同鄉，讓他心中充滿感慨。他知道農民與工人的辛苦，但是，不斷的戰爭，卻使得更多人因此家破人亡、流離失所。他認為自己身為

一個讀書人，對社會有一份責任。苦思了許久，他下定決心，將自己所有的家財，都用來招募義勇軍，幫助朝廷平亂，並且與奉新的兵備道陳起龍等人，研究局勢和計謀，最後，終於成功的平息了這場暴動。

宋應星閒居了一段時間後，接到命他出任亳州知州的政令。知州相當於州長，是最高層級的行政長官，這也是宋應星一生中擔任最高的官職。

其實，亳州此時已是殘破不堪。在宋應星到任前，亳州一直被李自成的軍隊所占據。當李自成的勢力進入亳州時，官府被焚燒，衙門被搗毀，而原本的知州何騰蛟也在混亂中被殺。由於李自成軍隊的主力已經節節逼近京師，明王朝僅一息尚存，即將崩毀，因此氣勢如虹的農民軍便放棄滿目瘡痍，斷城廢垣的亳州，

傾盡全力攻打京城。

　　面臨滅亡危機的明朝政府，此時根本沒有餘力再顧及亳州。雖然如此，臨危受命卻又沒有中央支援的宋應星到任後，仍盡力修復府衙，並招回流亡在外的人民。向來重視教育的宋應星甚至買下城南的薛家閣，準備改建成一所書院。無奈時代巨變，烽火連天，硝煙四起，百姓也面臨百業凋敝，民不聊生的問題，哪裡還能推行什麼建設呢？宋應星心有餘而力不足，壯志難申，對當官行政已無任何留戀，因此不到一年，他便寫了一封信，表達辭官之意，允許他卸下亳州知府的官職，回鄉養老。

7 不安的晚年

　　崇禎十七年三月，李自成所率領的農民大軍突破京城，崇禎皇帝在煤山上吊身亡，明朝宣告滅亡。明福王朱由崧逃到南京，建立了南明小朝廷。

　　在此同時，鎮守山海關的明朝將領吳三桂投降清廷，與清兵的領袖多爾袞聯手圍剿李自成。李自成不敵，節節敗退至山西。

　　清兵大舉入關，攻陷北京，旋即迅速占領了明朝的大半江山，成為中國的統治者。

　　滿清王朝為了能夠穩固自身的地位，採取高壓的手段來控制反清的勢力，於是提出了「留頭不留髮，留髮不留頭」的規定，讓人民因害怕被殺害而剃髮屈順，迫使他們放棄明朝人的身分，並藉此箝制人民的思想。在

滿清的壓迫之下，許多明朝武將變節，率領軍隊投效滿清，而許多文官，也早已換上滿人的服裝，剃髮紮辮，等著在滿清朝廷中繼續仕途。

然而，仍有許多明朝志士不斷挺身而出，集結抗清力量，阻止清朝勢力繼續南下。在宋應星結交的朋友中有很多是明朝直言敢諫、清廉正派的官員，他們不肯和清廷妥協，不受威脅利誘，並且積極投入抗清的活動。

宋應星在任分宜縣教諭時的長官曹國祺，在清兵直逼分宜縣之際，臨危不亂，率兵抵抗，衝出突圍，將軍隊遷移到戰略上地勢險要的上商；後來更聯合曹志明等人，勇敢抗清，引起附近的群眾紛紛響應。

乙酉(1645年)年底，曹國祺率兵攻入新昌縣。隨後又聯合明朝的將領，圍攻南昌城。曹國祺在戰

場上身先士卒，奮勇殺敵，本以為勝利在望，卻因與其他部隊的協調不順，遭遇清兵三路夾攻，曹志明不幸身亡，曹國祺退入湖廣。

聽聞昔日的長官、好友曹國祺英勇的戰事，宋應星佩服不已。昔日與自己一起飲酒賞景，吟詩作對的文弱書生，竟有能力指揮軍隊，馳騁沙場。原來這位當年鼓勵他寫作《野議》、志同道合的友人不僅是一位文人雅士，更是文武雙全的戎馬英雄！真出乎他的意料。另一方面，宋應星也有時不我予的感慨，原本讀書以求服務天下的文人，竟然也要馳騁戰場，他不禁為好友的安危而掛心。

另一個讓宋應星掛心的就是好友劉同升。當清兵逼近江西時，劉同升也毅然決然舉兵抗清。他率領軍隊越過武夷山，一

口氣攻下了位於江西南部的重要據點——贛州。劉同升勢如破竹，乘勝追擊，轉向北上，擊破吉安、臨江等地，成功收復失土。劉同升因收復失地有功，獲得南明朝廷的拔擢。

此時，劉同升距離宋應星所在的奉新縣不遠。宋應星十分關心好友的情形，他一直在等待著劉同升率兵攻抵奉新，兩人能夠再次聚首。然而，宋應星等到的卻是好友的噩耗。南明福王弘光二年（清順治二年，1645年）五月，清兵已經攻破南明的首都金陵，在贛州軍營中的劉同升聽到這個消息，不禁悲憤莫名，想到長久以來辛苦征戰的成果全部成為泡影，胸口一陣發熱，口中吐出鮮血，倒地不起，得年五十九歲。五年前重逢後一別，竟成了永別。宋應星想到這裡，感慨萬千，不勝唏噓。

　　壞消息卻一個接著一個傳來。宋應星的另一位朋友姜曰廣*原是明廷重臣，因為被閹黨視為東林黨人，而被排擠，不斷在官海浮沉，最後被逼得辭官返回江西老家休養。姜曰廣雖然已辭去官職，但仍致力各種反清行動。一位曾投降清廷的明朝將領金聲桓在率兵攻進江西後，突然再度倒戈，宣告效忠明朝，投奔姜曰廣。金聲桓打著姜曰廣的名號，號召抗清，在江西以及鄰近

放大鏡

＊**姜曰廣**　字居之，號燕及，江西新建人。1615年和宋應星同榜中舉，1619年中進士。1626年和給事中王夢尹一起出使朝鮮，不收受朝鮮的饋贈，回來後向朝廷彙報海外的情況，提出八件對國家軍隊的建言，大多被朝廷採用。後因魏忠賢以為姜曰廣是東林黨人，逼迫他罷官。1628年，朝廷以右中允官職重新起用，官至吏部右侍郎，後又被降職為南京太常卿，他便稱病返回家鄉。1642年又被推薦，任命為詹事，負責南京翰林院。

　　1644年以後，姜曰廣和史可法等人在南京商議擁立潞王，建立南明朝廷，但馬士英一夥閹黨卻主張擁立昏庸的福王。姜曰廣被馬士英排擠，便辭去官位，返回江西。宋應昇的次女嫁給了姜曰廣的孫子姜鹿初，因此，姜曰廣是宋家的朋友，也是親戚。

地區獲得極大的回響。金聲桓也藉此洗刷了自己曾投降敵人的汙名，再次獲得百姓的支持。由於眾人團結一致，因此對抗清軍的戰役，戰無不勝。

在一次戰鬥中，姜曰廣的軍隊誤入清軍設下的埋伏。金聲桓為了掩護姜曰廣突圍，壯烈的犧牲自己，使得姜曰廣得以脫困。然而，姜曰廣見到自己的部下被全數殲滅，南明王朝也已經無力回天，為了表達自己的忠貞，投池自盡身亡。

抗清活動雖如火如荼的展開＊，但是勢單力薄的文人志士仍無法對抗清朝的鎮壓迫害。一個接著一個，宋應星的至交好友為了理想和氣節付出了生命；然而南明朝廷卻是腐敗不堪，還準備投降滿清，以維持苟且偷安的局勢。

面對這樣的衝擊，宋應星既

悲又憤；隱居家鄉的他，心中無法平靜，反而更加波濤洶湧。此時年逾七十的宋應星，已經無法騁赴沙場，率兵抗清了。他滿腔的慷慨激昂，只有寄託於紙筆，藉由文章來喚起民族的氣節，期盼仁人志士能夠挺身而出，共同阻止清兵南進。

　　其中耗費他最大心力的，是對《春秋》進行註釋，另外他還對少數民族的歷史進行考察，寫成《春秋戎狄解》，可惜的是這一本著作後世還沒有機會見到便

放大鏡

＊當清兵大舉入侵中原，明朝發生了幾件驚天動地、可歌可泣的反抗行動。最知名的即為「揚州十日」：史可法率眾死守揚州城，最後兵敗城破被俘虜，從容就義。清軍攻入城內，大肆屠殺，短短十天之內殘殺了幾十萬無辜的揚州百姓。其次為「江陰八十天」：江陰人民受到二十四萬清兵圍困，在沒有外援的艱困情況下，苦守長達八十一天。最後城被攻破，全城男女老幼沒有任何一人向清廷投降。另外，就是「嘉定三屠」：嘉定城人民死守城池長達三個月，後來城被攻破後，清軍進行了三次大規模的屠殺行動。聽聞這些血腥的屠殺事件，使宋應星更加深自己絕對不為清朝政權服務的決心。

失傳了。不過，宋應星曾經將《春秋戎狄解》寄給好友陳宏緒。

陳宏緒回信給宋應星，信中對這本書高度的讚賞；他認為宋應星的註釋詳盡，見解獨到，對研究春秋的人來說，有很大的幫助，尤其可以彌補漢經學大師馬融和鄭玄的不足之處，並且訂正了許多前人的錯誤。

陳宏緒不僅盛讚它為「不滅的鴻篇」，他還看出宋應星寫這部書的真正意圖，在於借古寓今，喚起民族意識；而在滿清逼臨京城，南明王朝見風轉舵，侍外族為主，使得民族意識混淆不清的時刻，這本《春秋戎狄解》具有深沉的寓意，他認為宋應星這本著作應該被「懸之國門，以伸內外之防」。能得此知音，宋應星自是寬慰，而宋應昇即將返鄉的消息，更讓他欣喜。

　　自明王朝滅亡後，每日憂國憂民的宋應昇，更是萬念俱灰。他斷然拒絕清廷要他留任廣州知府的命令，扔下烏紗帽，返回奉新老家。

　　闊別十多年，兄弟重逢，應該是天大的喜事，然而，此時正是國破家亡、百姓生靈塗炭的悲痛時分。兄弟相見卻只是百感交集，不禁悲從中來。

　　年事已高的宋應昇，心中卻仍是慷慨激昂，正氣澎湃。掛念著國家天下的安危，他寫作詩文，指點江山，卻因悲憤過度而一病不起。

　　宋應昇有滿腔熱血與憂慮，卻又臥病在床，無力改變現狀，覺得活在世上已無意義，於是留下兩首絕筆詩之後，飲下劇毒，自殺而亡。

　　好友、同事相繼過世，現在又面臨至親兄長的逝世，宋應星

捧著兄長遺留下的絕筆詩箋，欲哭無淚，痛不欲生。

從小形影不離的情深手足，一起相伴苦讀考試數十載的兄長，就這麼撒手人寰；往昔共同捉對吟詩，暢談國事的光景，此後只存在回憶之中了！

悲痛之餘，宋應星心中油然生起一股寂涼的孤獨，讓他有無以為繼的感覺。然而他想到，自己為哥哥所撰寫的《方玉堂全集》校訂的首版，印量不多，而他還需要為再版重印進行校訂；哥哥所遺留下來的子女，年紀尚幼，還需要自己幫忙撫養照料；另外，他還想為哥哥寫傳記，而哥哥一生的事蹟和著作，還有待整理和記錄……凡此種種，讓宋應星打消了輕生的念頭，決定好好的克盡本分，這樣也算是對兄長致上他的敬意和感激。

親自送完兄長最後一程，宋

應星繼續過著隱居生活。儘管清廷要求他做官，他仍舊絲毫不為所動，拒絕仕進。

曾對宋應星所寫的《春秋戎狄解》給予高度肯定的友人陳宏緒，此時正著手編纂地方誌《南昌郡乘》，記載當地傑出的人物事蹟。因此，陳宏緒邀請宋應星為這本書寫一篇〈宋應昇傳〉。這正是宋應星一直希望為哥哥做的事，於是二話不說的答應了。再也沒有人比宋應星更了解宋應昇的為人與事蹟了，他信手寫來，往事歷歷猶在眼前。宋應昇的傳記，就在宋應星充滿懷念與感情的文字中，順利的完成了。

在編寫完《南昌郡乘》之後的第二年，陳宏緒便辭世了。他也如同宋應星其他的好友般，一身傲骨，終其一生沒有接受清廷的一官半職。他選擇放棄優渥的生活，不願為五斗米折腰，利用

餘生編寫了一部地方誌，紀念抗清的志士好友，也藉此表達他的理想與氣節。

約莫和老友陳宏緒同一個時期，宋應星也與世長辭了。他的遺體和宋應昇一起長眠於宋村的祖墳裡。

宋應星有兩個兒子，長子宋士慧、次子宋士意。據說兩兄弟的樣貌與父親神似，並且都聰穎好學，文質彬彬，善於詩文寫作，而且也像父親和伯父一樣手足情深，形影不離，村里中的人見了，都稱他倆為「雙玉」。

雖然宋士慧和宋士意兩兄弟在學塾裡表現非常優異，他們卻沒有踏上科舉求仕的路途。

宋應星曾經以自己五上公車不第，白白耗盡了家產與寶貴的青春年華的經歷，來告誡兒子。他也將自己半生徒勞的體悟，以及對政治社會黑暗的感慨告訴兒

子，為的就是讓他們了解科舉的虛無荒唐，不切實際，也殷殷期盼自己的子孫不要走這樣的冤枉路，更不要為了貪圖官位名利而降低了知識分子的格調。

在父親日常的談話中，宋士慧、宋士意兩兄弟也聽聞了許多關於父親的朋友、師長堅守民族氣節、不肯出賣自己去服侍清朝的事蹟，他們高風亮節，正氣凜然的操守，在兄弟倆的心目中，已經深深的刻畫下了讀書人所該有的理想形象。兩兄弟從父親宋應星身上承繼了遠離官場，追求實際學問的作風。

這樣的家風，一代傳一代，宋應星的孫子宋一儀、宋一傳等也同樣遵循著祖父的遺訓，淡薄功名，遠離官場，在家鄉安心耕田、讀書。他們之中有許多都成為過著清苦生活的農民。

不僅如此，宋應昇的三個兒

子宋士穎、宋士頟、宋士頊，以至三代以內的子孫，也同樣沒有人再走上科舉的路，也沒有人為清廷服務。

精神長存
《天工開物》

　　昔人日已遠，宋應星的名字，在歷史上雖然幾乎被人遺忘，但是他費盡苦心寫成的《天工開物》，卻證明了他在中國科技史上的重要。現在我們不妨透過這本書，從另一個角度，更深入的了解宋應星的不凡之處。

　　宋應星出生的江西省，自古以來便是物產豐饒的地方，不論是農業、工業，甚至礦業都很發達。而這些大地的資源，都是宋應星寫作《天工開物》的養分。江西的特殊產物，例如名聞遐邇的景德鎮陶瓷工業、煤礦產量僅次於東三省的萍鄉，以及江西農業的特殊經濟作物如藍靛、樁油、桐油、苎麻等，都一一一被宋應星收入筆下，寫成深入又生動的篇章。

《天工開物》刊行於崇禎十年，距他中舉已有二十多年。從他五次進京趕考，到在分宜縣當教諭，他的足跡遍及大江南北。宋應星有廣泛的興趣，他在各地的遊歷，不是抱持著走馬看花，僅止於欣賞風花雪月的態度；如同他在《天工開物》的自序中寫道：「幸生聖明極盛之世，滇南車馬，縱貫遼陽。嶺徼官商，橫遊薊北。為方萬里中，何事何物不可見見聞聞？」*充分顯露出他對萬事萬物的好奇心，及享受旅行的樂趣。隨著他人生旅途的開展，得以在各地收集科學技術的相關資料，也因而使得《天工開物》的內容包羅全國各地農業、紡織或者冶礦等各方面的技術，

放大鏡

＊這段話的意思是：「幸好出生在明朝最興盛的時期，南方的車馬能夠貫通到北方，官員商人能夠橫越山路到薊北去。在這廣大的土地上，有什麼事物不能到處看看，見識一番呢？」

成為內容廣泛的科技百科全書。

　　至於「天工開物」這個名稱是怎麼來的呢？他所謂的「天工」，指的是存在於自然的，可以用以生產創造的物質；「開物」則是順應天工，以人的技術與技巧，運用這些物質，來創造有實用價值的物品。以宋應星的觀點來看，我們如果要創造各種物質與財富，除了依靠自然界的力量，也要依靠人本身的技巧去開發利用，兩者相互為用，缺一不可。由此可知，「天工開物」合起來的涵義是指:「自然界形成萬物以及人靠本身的技術對萬物的開發與利用。」宋應星將中國哲學中重視「人」的傳統，與其本身所鑽研的實證科學有系統的加以融合，創造了「天工開物」的觀點，稱得上是一種創見。

　　《天工開物》極為可貴的一點，在於宋應星對科學方法和科

學精神的重視，也就是「窮究試驗」的原則，這與近代西方科學方法十分近似。

宋應星重視實學，而鄙視那些只知博取功名而不重視實驗的空談者。他在書中談論火器的一段便寫道：「火藥火器，今時妄想進身博官者，人人張目而道，著書以獻，未必盡由試驗。」＊書中還記載了他親身操作的試驗結果，介紹了蓖麻子、樟樹子、菜服子、芸苔子、莧菜、亞麻與大麻仁等油料榨油時的出油率，然後指出：「此其大端，其他未窮究試驗、與夫一方已試而他方未知者，尚有待云。」＊便是對尚未全部經過實驗的證實，採取保留態

＊這段話的意思是：「對於火藥和火器，現在有很多妄想著謀取官位的人，每個人都憑著所見事物說話，寫作書籍呈給上位的人，未必每個人都有親自操作試驗。」

＊這段話的意思是：「這是大概的方法，其他沒有全部實驗、與僅用一種方法而不知道其他方法的，都還有待討論。」

度的展現。

至於《天工開物》的重要性到底在哪裡呢？在於它常常被其他學者廣泛的引用。

《天工開物》最早的版本，是明崇禎十年時，宋應星在好朋友塗紹煃慷慨協助下，才得以順利出版的。因此，後代的人便將這一個版本稱作「塗本」，以紀念塗紹煃的功勞。

第一版的《天工開物》，在江西南昌府刊刻發行，立刻受到學者的關注。這本書對於少數關心科學的學者來說，無疑是很好的參考書。

崇禎末年，明朝另一位有名的學者方以智＊，對科學同樣也有很高的興趣。他在研究物理、化學，尤其在金屬冶煉方面的問題時，深受沒有專門著作可供參考所苦。因此，研究遇到了瓶頸。恰巧經由朋友的介紹，他取

得一部《天工開物》，詳加閱讀之後，令他喜出望外，因為他找到了他所需要的參考資料，突破了瓶頸，寫成了重要的科學著作《物理小識》。

另一位當時著名的哲學家王夫之，讀過《天工開物》之後，也獲得很多思想上的啟發。可見《天工開物》不只是單純的科學

放大鏡

＊**方以智** 明清之際思想家、科學家。字密之，號曼公。桐城人。著有《通雅》、《物理小識》、《東西均》、《藥地炮莊》、《浮山集》等書。少年時參加「復社」活動。曾在遊歷江西南昌時，和宋應星相識。他親切的稱呼宋應星為「宋奉新」。

方以智為崇禎時進士，派任翰林院檢討。當清兵攻入廣東，方以智出家剃度為僧，改名大智，字無可，別號弘智、藥地、浮山愚者、愚者大師、極丸老人等。康熙十年，方以智在前往吉安文天祥墓地弔唁的途中過世。方以智對天文、地理、歷史、物理、生物、醫藥、文學、音韻等都頗有研究。他在學問上強調「質測」，也就是強調實際實驗操作的重要，這點與宋應星頗能相互呼應。方以智對於科學和哲學都有獨特的見解，晚年為逃避清廷思想上的迫害，只改專注於禪學上。

方以智在《物理小識》的卷七金石部中，引用了《天工開物》的內容：「宋應星說：將赤銅以爐甘石或倭鉛參和會成為黃銅，加入礬硝等藥去制煉，則會產生青銅。若是與廣錫混合，則會產生響銅……。」

書籍，其中還包含了宋應星許多
獨到的思想見解。

《天工開物》在江南地區十
分暢銷，印製的書很快便銷售一
空。在那段充滿戰爭與動亂的時
期，實在是難能可貴的事情。當
時有位書商楊素卿發現《天工開
物》炙手可熱，供不應求，於是
決定將最初的「塗本」改版，繼
續發售，趁機賺上一筆。當新版
的《天工開物》的印刷版雕刻好
時，明朝已經滅亡，而清朝剛剛
建立。

為了使《天工開物》能夠在
清朝的監控下順利發行，他將宋
應星原序中的崇禎年號去除，將
「我朝」、「國朝」改為「明
朝」，並刪訂鄙視滿人的字眼。
然而，他仍有許多疏漏的部分，
例如〈佳兵〉卷中出現多次「北
虜」、「東北夷」等字眼，他都
沒有改正。所幸清朝初年，百廢

待興，對於這一類文字思想的管制還未嚴屬執行，因此「楊本」的《天工開物》才得以順利出版。

新版的《天工開物》，楊素卿採用了較為廉價的福建竹紙來印製，並且加上句點和逗點。更特別的是，新版本的扉頁上，印有「宋先生著」以及「天工開物」等字樣。有些則在扉頁上還加印「一見奇能」橫排四字，兩行大字的間縫有雙行小字：「內載耕織造作煉采金寶」、「一切生財備用祕傳要訣」，下方是「書林楊素卿梓」。從扉頁上的費心編排，可以看出《天工開物》不僅為學者所重視，一般百姓也把它當成一本與謀生技能息息相關的參考書籍，無論農工商業，都能從中獲得有用的訊息。

不只如此，到了清朝，《天工開物》仍舊受到官方學者的引

用。如花了近十六年，共達一萬卷的百科全書巨作《古今圖書集成》，便大量參考了《天工開物》中的資料。

而另一套農業專書《授時通考》，也引用了《天工開物》中〈乃粒〉與〈乃服〉的部分內容。然而，除了這兩次大規模的引用之外，在時代的變動中，《天工開物》漸漸被忽略，最後竟然連抄寫的版本都完全佚失了。

不過《天工開物》並沒有就此消失。它首先流傳到了日本。江戶時代，《天工開物》便已經在日本學術界中廣為傳閱，由於書源並不充足，所以許多學者甚至自己用手抄寫。一直到日本明和八年 (1711年) 時，《天工開物》的第一個外國刻本在大阪出版。因此在日本，除了流傳著兩次正式刊印出版的《天工開物》外，還

保留許多手抄的副本。當我們觀察日本在17、18世紀間所寫成的科技書籍中，可以發現不少引用《天工開物》內容的證據。

日本著名的學者，京都大學的教授藪內清曾經說過:「整個德川時代讀過這部書的人很多，特別是研究關於技術方面的人，……《天工開物》成為一般學者的優秀參考書。」

《天工開物》不只影響了日本的科學技術，還影響了整個日本的思想界。18世紀的時候，日本的哲學界、經濟學界曾掀起一陣研究「開物之學」的風潮。其中一位領導人物佐騰信淵曾發表他對「開物」的看法:「開物，就是經營國土，開發物產，富饒境內，養育人民的事業。」這樣的觀念，後來被學者認為是得自於《天工開物》的啟示。

《天工開物》流傳的蹤跡，

比我們所能想像到的還要遠。不僅日本，早在18世紀時，《天工開物》就已經流傳到了歐洲。到了19世紀，法國的漢學學者儒蓮與化學家商畢昂，將《天工開物・丹青》卷中的銀朱和製墨，〈五金〉卷中的製銅，〈乃服〉卷中的蠶桑，以及〈殺青〉卷中的造竹紙等部分，按照清朝的資料與商畢昂所做的科學考據作了註釋，並收錄了一些插圖，在巴黎出版。這樣的編排方式讓《天工開物》更能被歐美讀者所接受。

因此，《天工開物》各卷分別分成數次，被翻譯成法文發表。儒蓮翻譯的《天工開物》的法文譯本，在歐洲各地被轉譯，至少被翻成了英文、德文、義大利文、俄文等不同語言的版本，可說是受到全世界的肯定。

為什麼《天工開物》在歐洲

會受到如此的重視與接受呢？因為《天工開物》中所記載的內容，是經過宋應星親身的實驗與考據，嚴謹翔實，是一部堪稱專業的科學論述書籍。書中載錄了中國自古流傳下來，人民於生活中實踐、累積的寶貴經驗與科技技術的精髓，這對當時正開始探索防治蠶的病害與銅合金製造的歐洲來說，具有高度的參考價值，也提供了良好的經驗。因此，我們甚至可以說，歐洲人首次利用竹纖維造紙，也是間接受到《天工開物》的啟發呢！

　你一定想像不到，以「進化論」聞名於世的生物學家達爾文也讀過宋應星的《天工開物》喔！在他讀了儒蓮的譯本後，盛讚它為「權威著作」；英國的化學家梅洛、俄國的植物學家貝勒，都曾經在自己的研究論述中引述了《天工開物》的內容。一

直到 20 世紀，仍有許多的學者對《天工開物》非常感興趣，並對它進行研究。例如德國的學者蒂落，曾在 1964 年時將《天工開物》的前四卷〈乃粒〉、〈乃服〉、〈彰施〉、〈粹精〉加以註釋並翻譯成德文；美國賓夕法尼亞大學教授任以都博士，也參考了許多中、外的版本，將明朝的「楊本」《天工開物》全書翻譯成英文，並加上註解，於英國倫敦和美國賓夕法尼亞州兩地同時出版。這是《天工開物》在歐洲的第一本全譯本。

在世界各地廣為流傳的《天工開物》，卻一直到民國初年才被中國人「找回家」。

這得從民初的學者丁文江說起。丁文江是中國近代一位傑出的地質學家，有一次到雲南深入考察時，在雲南讀到《雲南通志》的〈礦政篇〉裡，引用了

《天工開物》冶銅法的內容，描述得十分詳盡。當他從雲南回到北京時，便希望找到《天工開物》的原書，以便能一窺全貌。沒想到尋找《天工開物》的過程，竟是困難重重。他探訪許多收藏古書的專家，也一無所獲。後來聽聞他的好友李章鴻曾在日本東京帝國圖書館見過《天工開物》，於是又輾轉請託日本的朋友進行抄錄，沒想到也杳無音訊，日子久了，他也漸漸淡忘了這件事情。

相隔六七年後，丁文江遷居天津，一次在與前輩羅叔韞聚會時，偶然的談到尋找《天工開物》的經過。很湊巧的羅叔韞好不容易從日本一位古幣收藏家那裡，以珍稀的古幣換回了一套《天工開物》刻本；他看丁文江也這麼苦心搜尋《天工開物》，於是就慷慨的出借了。

　　丁文江立刻進行副本的抄錄工作，並加上句讀；可是因為其中有許多書頁被蛀蟲咬得殘缺不全，書中的錯字也不少，加上內容文字十分簡要，術語又多，很難明白原義。因此丁文江想取得其他的版本作為對照，沒想到更是難上加難。因此校訂的工作常常是作一段停一段，遲遲沒有完成。

　　一直等到民國十五年，李章鴻從日本帶回來一部較完整的「管生堂」的版本，丁文江才得以藉此對照。不過陶湘根據日本的「尊經閣本」和清朝出版的《古今圖書集成》互相校訂整理的《天工開物》，不久後就搶先刊行了。

　　經過幾番波折，《天工開物》終究又回到中國的土地上了。

　　至於《天工開物》包羅了哪

127

些內容呢？《天工開物》分上、中、下，共十八卷，依次為：

〈乃粒〉：介紹各種主要糧食的栽培、水利、災害。

〈乃服〉：介紹絲、棉、裘等各種質料的培育、織造。

〈彰施〉：織物用的顏料生產以及染色技術。

〈粹精〉：各種主要糧食的加工技術。

〈作鹹〉：海鹽、池鹽、井鹽等的製造生產技術。

〈甘嗜〉：從栽培到製糖的生產技術。

〈陶埏〉：磚瓦陶瓷的生產技術。

〈冶鑄〉：銅鐵金屬的鑄造技術。

〈舟車〉　：各式車、船的製造
　　　　　技術。

〈錘鍛〉　：各種鐵質生產工具
　　　　　的鍛造技術。

〈燔石〉　：各種礦石的採收、
　　　　　生產技術。

〈膏液〉　：各種食用油、工業
　　　　　用油的製油技術。

〈殺青〉　：造紙技術。

〈五金〉　：金銀銅鐵錫鉛的製
　　　　　煉技術。

〈佳兵〉　：兵器及火藥的製造
　　　　　生產技術。

〈丹青〉　：文書用的各種色
　　　　　料、墨的製造技
　　　　　術。

〈麴櫱〉　：釀酒技術及麴類生
　　　　　產。

〈珠玉〉　：各種寶石類的採
　　　　　取、加工技術。

光從多達十八類的內容來

看，就可以看得出宋應星的博學多聞。在宋應星《天工開物》的序文中提到，本來還有〈觀象〉與〈樂律〉＊兩篇。不過，宋應星也謙虛的承認對這兩種技術不夠了解，「我對天文和音樂不敢說熟悉，所以在付印之前將它們刪掉了。」

宋應星，真的是一位多才多藝又謙遜的學者！

像《天工開物》這樣一本涵蓋了廣泛層面的科技百科全書，作者本身必須具備足夠的背景知識與涵養，並且需要耗費大量的時間到各地進行考察，才有可能完成。我們雖無法得知宋應星實際花費了多少時間完成《天工開物》，不過，可以肯定的是，如同許多其他的中國科學家一樣，

放大鏡

＊〈觀象〉指的是觀測天文的方法技術，〈樂律〉則是講樂器音樂。

宋應星也投注大半輩子的精力從事研究和寫作。

　　另外，值得一提的是宋應星將《天工開物》的讀者設定在上層社會的統治者。這是因為宋應星生長於明朝由盛轉衰的時期，加上他自身的境遇與特殊的學術性格，使得他致力於對改善民生有最直接效益的實用技術研究。不過，他了解想要真正改善民生疾苦，終究還是得靠政府官員的推行。所以，宋應星藉由撰寫《天工開物》，對統治者大聲疾呼，希望能夠改革政治流於理想化、空談的風氣。

　　宋應星的《天工開物》，雖然在深度上稱不上是具有高度科學專業的理論書籍，卻已為我們保留了許多時常被我們所忽略的、中國的傳統生產技術。

　　出身大地主之家，走上科舉仕途，卻無法發揮所長，造福百

姓；雖然了解到問題的所在，卻也無力進行改革。宋應星的心情，想必是十分複雜與矛盾的吧！

為什麼呢？或許和宋應星個人的特質有關。宋應星從小就是興趣十分廣泛的人，除了科舉考試所必須具備的學識和八股文答題技巧外，他對音樂、科學、工藝、農業技術都有廣泛又深入的涉獵。再者，他長久深入民間，了解民生問題的解決，有賴於實用知識的推廣與落實。因此他能夠走出不著邊際的空談，以及科舉考試的侷限，轉而投向實學的研究，使得知識分子對社會的關懷，能夠落實在人民的生活中。

雖然宋應星只當過地方官員，然而，這也在無形中使他免於受到當時政治歪風的汙染。從另一個角度來看，他也因此能夠深入地方，將他的想法配合實

際，而不至於流於空談理論。仕途的不順遂，反而讓他能在追求知識學問上另闢蹊徑，求得一片天地。

若僅就《天工開物》這本著作，而將宋應星歸為科學家，實在是太小看他了。儘管宋應星的其他著作被發現得很晚，然而從他的那些著作來看，可以發現他也是一位社會學家。

這樣一位多才多藝，卻在大時代中沉浮掙扎的學者——宋應星，他的不如意與堅持自我，在多年之後獲得全世界的肯定。在他的身上，我們看到了身體力行的毅力和堅持理想的勇氣。

1587 年	出生於江西南昌奉新縣。
1615 年	與兄長宋應昇參加江西省試，同時中舉。而後五次應試不第。
1634 年	任江西分宜縣教諭，開始編著《天工開物》。
1636 年	撰寫《野議》，揭露批判當時政治制度的弊端以及官員腐敗的情況，並提出革新方案。
1637 年	由友人塗紹煃資助刊刻《天工開物》。
1638 年	任福建汀州府推官，掌管刑獄審判。
1643 年	任亳州知府。
1644 年	棄官回鄉。
1666 年	辭世。

獻給孩子們的禮物

「世紀人物100」

訴說一百位中外人物的故事

是三民書局獻給孩子們最好的禮物!

◆ 不刻意美化、神化傳主,使「世紀人物」
  更易於親近。

◆ 嚴謹考證史實,傳遞最正確的資訊。

◆ 文字親切活潑,貼近孩子們的語言。

◆ 突破傳統的創作角度切入,讓孩子們認識
  不一樣的「世紀人物」。

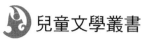
兒童文學叢書

第一次系列

生命不能重來，童年無法NG

提供孩子生活所需的智慧維他命，
與孩子共享生命中的成長初體驗！

國家圖書館出版品預行編目資料

百工科技的集成者：宋應星 / 王宇清著;卡圖工作室
繪.ーー初版二刷.ーー臺北市：三民，2012
面；　公分.ーー(兒童文學叢書 / 世紀人物100)

ISBN 978-957-14-4847-3　(平裝)

1.(明)宋應星 2.傳記 3.通俗作品

782.86　　　　　　　　　　　　　96014309

© 　百工科技的集成者：宋應星

著 作 人	王宇清
主　　編	簡　宛
繪　　者	卡圖工作室
發 行 人	劉振強
著作財產權人	三民書局股份有限公司
發 行 所	三民書局股份有限公司
	地址　臺北市復興北路386號
	電話　(02)25006600
	郵撥帳號　0009998-5
門 市 部	(復北店)臺北市復興北路386號
	(重南店)臺北市重慶南路一段61號
出版日期	初版一刷　2007年11月
	初版二刷　2012年1月修正
編　　號	S 781490

行政院新聞局登記證局版臺業字第〇二〇〇號

有著作權・不准侵害

ISBN　978-957-14-4847-3　（平裝）

http://www.sanmin.com.tw　三民網路書店